Stefan Braun

OISHII!

Authentisch, gemütlich, bunt – Japans Izakayas entdecken

おいしい

危険で ので
この に
止ま い
ください

お弁当MENU 11:30~18:00
煮込みハンバーグ弁当 ¥900
油淋鶏弁当 ¥750
若鶏チリソースかけ弁当
鶏からあげ弁当
チキンカツ弁当
レバニラ炒め弁当
豚バラガーリック炒め弁当
豚生姜焼弁当
肉野菜炒め弁当
エビ入り天津飯
オムライス デミグラスソース
SOLD OUT
ピラフボウル
豚キムチ弁当
回鍋肉弁当
酢豚弁当 ¥850
酢鶏弁当 ¥850
ご注文を頂いてからお作りしますので
少々お時間いただきます。

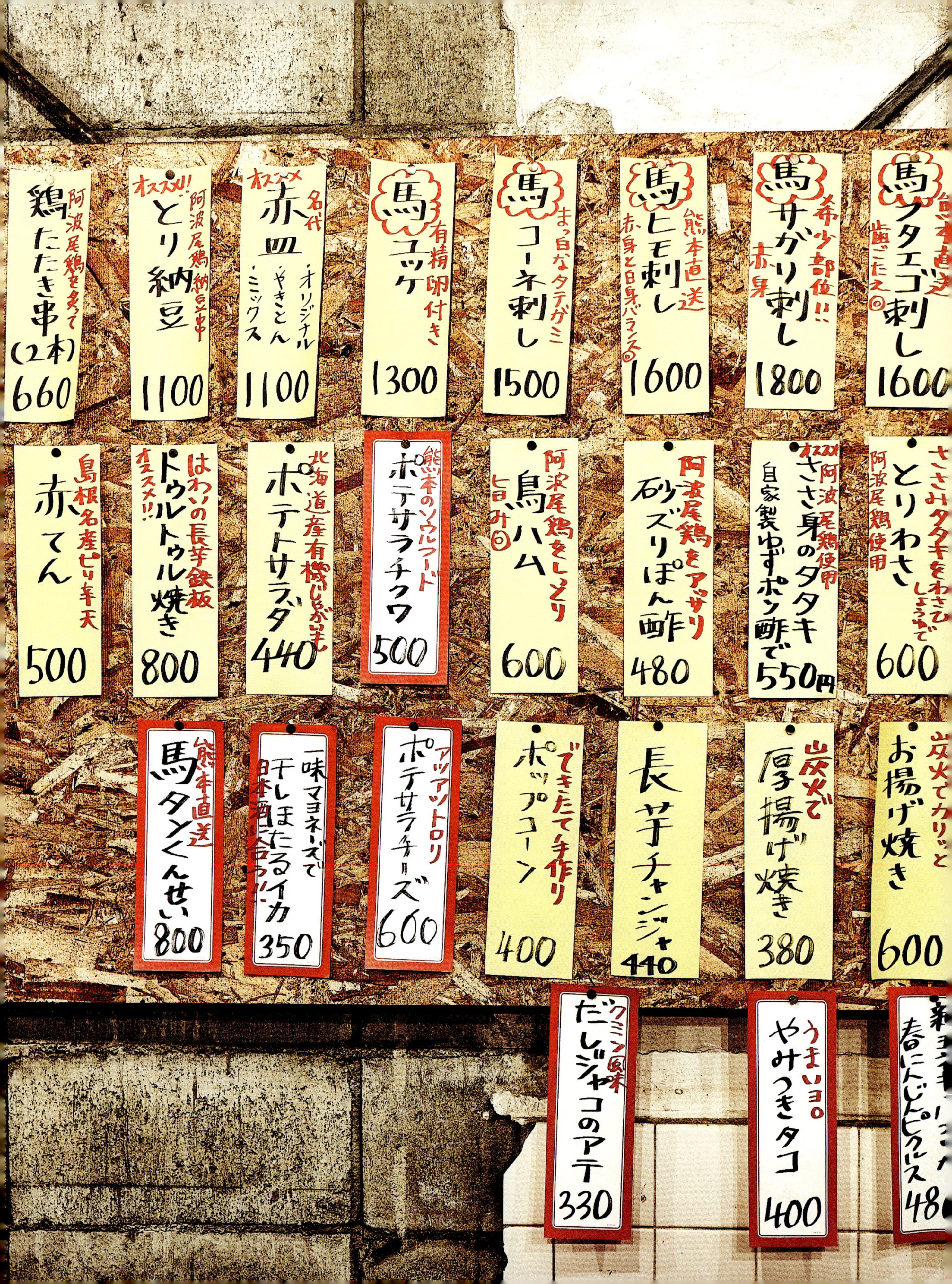

鶏たたき串（2本） 阿波尾鶏を炙って 660
オススメ!! とり納豆 阿波尾鶏納豆串 1100
オススメ 赤皿 名代 ・オリジナル ・やきとん ・ミックス 1100
馬ユッケ 有精卵付き 1300
馬コーネ刺し 真っ白なタテガミ 1500
馬ヒモ刺し 熊本直送 赤身と白身バランス◎ 1600
馬サガリ刺し 希少部位!! 赤身 1800
馬フタエゴ刺し 熊本直送 歯ごたえ◎ 1600
赤てん 島根名産ピリ辛天 500
トゥルトゥル焼き はわいの長芋鉄板 オススメ!! 800
ポテトサラダ 北海道産有機じゃがいも 440
ポテサラチクワ 熊本のソウルフード 500
鳥ハム 阿波尾鶏をしっとり 旨み◎ 600
砂ズリぽん酢 阿波尾鶏をアッサリ 480
ささ身のタタキ オススメ 阿波尾鶏使用 自家製ゆずポン酢で 550円
とりわさ 阿波尾鶏使用 ささみタタキをわさびしょうゆで 600
馬タンくんせい 熊本直送 800
干しまたるイカ 一味マヨネーズで 日本酒に合う!! 350
ポテサラチーズ アツアツトロリ 600
ポップコーン できたて手作り 400
長芋チャンジャ 440
厚揚げ焼き 炭火で 380
お揚げ焼き 炭火でカリッと 600
だしジャコのアテ クミン風味 330
やみつきタコ うまいヨ。 400
春にんじんピクルス

VORWORT

Bevor ich zum ersten Mal nach Japan reiste, hatte ich – wie viele – ein recht klares Bild im Kopf: Sushi-Meister hinter glänzenden Theken, stille Räume, makellose Ästhetik. Und ja, das gibt es. Aber es gibt noch so viel mehr – und ganz anders, als ich es erwartet hatte.

Denn Japan ist nicht nur fein und still. Japan ist auch laut, lebendig, manchmal ein bisschen chaotisch – und unglaublich herzlich. Besonders abends, wenn die Straßenlaternen angehen, denn dann öffnen die izakaya ihre Türen: Kneipen mit einer Atmosphäre, die irgendwo zwischen Wohnzimmer und Straßenküche liegt. Diese Orte haben mich gepackt. Es wird gelacht, getrunken, gegessen, geteilt. Fremde werden zu Sitznachbarn, Sitznachbarn zu Gesprächspartnern. Hier habe ich Gerichte gegessen, die ich vorher nicht einmal benennen konnte – und ich habe sie geliebt. Ich habe gegrillte Hühnerspieße mit Sake heruntergespült, knusprige Tempura vom Nebentisch angeboten bekommen und nachts um halb zwölf noch Eintopf geschlürft.

All diese Momente habe ich fotografisch festgehalten – um Sie, liebe Leserin, lieber Leser, nach Japan mitzunehmen. Kommen Sie mit auf meine Reise, genießen Sie die besondere Küche und tauchen Sie ein in das Leben der *izakaya*.

Viel Freude beim Blättern, Kochen und Genießen wünscht Ihnen

INHALT

IZAKAYA-STYLE

Nicht jedes Rezept in diesem Buch ist streng genommen „authentisch japanisch". Wantan beispielsweise stammen ursprünglich aus China, aber landen eben heute auch auf Tellern in vielen *izakaya*. Denn diese Kneipenküche ist offen, ehrlich und nicht dogmatisch. Was schmeckt, bleibt – ganz einfach.

MORGENS

Bereits morgens in eine *izakaya* (居酒屋) zu gehen, ist zugegebenermaßen recht unüblich, sind es doch typische After-Work-Locations mit Öffnungszeiten ab 17, 18 Uhr. An Flughäfen oder Touristen-Hotspots gibt es sie aber, *izakaya*, die bereits am Morgen geöffnet haben. Vor allem in den Städten zieht es die Japaner zum Frühstücken allerdings eher in Cafés, Bäckereien oder *konbini*, wo weniger Traditionelles wie Misosuppe, Reis und gegrillter Fisch angeboten wird als vielmehr Sandwiches, Toasts, *onigiri* (Reisbällchen) und vieles andere to go.

MITTAGS

Einige *izakaya* öffnen bereits zur Mittagszeit. Sie haben günstige Mittagsmenüs (昼定食, *hiru teishoku*) auf der Karte und locken Angestellte und Studierende mit *karaage* (frittierten Hähnchenstücken) oder *tonkatsu* (Schweineschnitzel) an die Tische. Im Gegensatz zu abends herrscht eine Atmosphäre zwischen Ruhe und Geschäftigkeit – statt Gelächter und lauter Gespräche dominiert das leise Klappern von Essstäbchen. Und wer Zeit hat, genießt ein entspanntes Essen in warmem Holzambiente mit traditioneller Musik im Hintergrund. **42**

ABENDS

Als klassische Abend-Locations öffnen die meisten *izakaya* erst bei Einbruch der Dunkelheit und bereits geöffnete verändern sich: Der Duft von frisch gegrilltem *yakitori* weht durch die Gassen und leises Murmeln wächst zum fröhlich-lauten Stimmenmeer. *izakaya* werden sehr gerne von Firmen als Ort für die sogenannten *nomikai* (飲み会) genutzt, bei dem durch gemeinsames Feiern und Trinken das Miteinander jenseits des Schreibtischs gestärkt wird. Aber natürlich trifft man hier nicht nur Menschen in Kostüm und Anzug: Ob Freundesclique oder Nachbarn, in einer *izakaya* kommen sich alle näher. **134**

55th
1969
Okhotsk
SHIRETOKO NATIONAL PARK
DAISETSUZAN NATIONAL PARK
AKAN NATIONAL PARK
KUSHIRO SHITSUGEN NATIONAL PARK
SHIKOTSU-TOYA NATIONAL PARK
Pacific Ocean
TOTTORI
SHIMANE
YAMAGUCHI
HIROSHIMA
OKAYAMA
HYOGO
FUKUOKA
SAGA
NAGASAKI
KUMAMOTO
OITA
MIYAZAKI
EHIME
KOCHI
KAGAWA
TOKUSHIMA
WAKAYAMA
KYUSHU
SHIKOKU
LEGEND
INDEX
1000
NIPPON GINKO

TOURIST MAP OF
JAPAN
Sea of Japan
Pacific Ocean
1 : 5,300,000
瀬吾 (SEUTU)
SEIKO おでん
CANAL B
TOKYO JAPAN
SONY

Früher war in Japan ein warmes Frühstück mit Reis, Suppe, Fisch und eingelegtem Gemüse selbstverständlich. Heute prägt der urbane Lebensstil das morgendliche Essverhalten: Lange Wege und volle Tage erfordern praktische Lösungen. Zwischen Zeitdruck und Pendelverkehr wird Frühstücken eher zur flexiblen Angelegenheit, oft auf die Hand und außer Haus erledigt. Ob klassisch am Familientisch oder als Sandwich im *konbini* – wie und wo gefrühstückt wird, erzählt viel über das heutige Leben in Japan.

MOR
GENS

Frühstück – *asagohan* (朝ご飯) – war in Japan ursprünglich eine ausgewogene, herzhafte Mahlzeit: Traditionell begann der Tag mit gedämpftem Reis, Misosuppe, gegrilltem Fisch und eingelegtem Gemüse, manchmal ergänzt durch eine Eierspeise oder Tofu – alles serviert in kleinen Schüsseln. Die Zusammenstellung folgte dem japanischen Prinzip *ichijū-sansai* (一汁三菜), was wörtlich »eine Suppe und drei Gerichte« bedeutet. Es orientiert sich an den Jahreszeiten und sorgt für Ausgewogenheit und Vielfalt auf dem Tisch.

Heute findet man das traditionelle Frühstück im Alltag immer seltener – zu eng getaktet ist der Tagesablauf, zu aufwendig die Zubereitung und aufs Feld zieht es nur noch die wenigsten. Stattdessen pilgern die Massen morgens Richtung U-Bahn und Büro. Verschwunden ist es deshalb aber noch lange nicht: Häufig findet es sich auf der Speisekarte von *ryokans* (旅館), historischen Hotels mit langer Tradition.

味噌汁

MISOSUPPE

mit Tofu

Wer braucht schon Kaffee, wenn es Misosuppe gibt? Die miso shiru *ist fester Bestandteil des traditionellen japanischen Frühstücks, serviert zu Reis, Fisch und Gemüse.*

Für 4 Personen | 15 Min. Zubereitung

- 350 g Seidentofu
- 1 l Dashi (japanische Brühe)
- 10 g getrocknete Wakame (Braunalge)
- 80 g Shiro Miso (helle Misopaste)
- 2 Frühlingszwiebeln

1. Den Tofu vorsichtig in grobe, mundgerechte Würfel schneiden.

2. Die Dashi-Brühe aufkochen, Tofu und Wakame hineingeben und ca. 5 Min. köcheln lassen. Anschließend den Topf vom Herd nehmen und die Misopaste vollständig einrühren.

3. Die Frühlingszwiebeln waschen und putzen, dann in feine Ringe schneiden.

4. Zum Servieren die Brühe in Schüsseln geben und mit Frühlingszwiebeln bestreuen. Nach Belieben mit Reis servieren.

TIPP

Gebratenes Gemüse ist eine tolle Ergänzung für die Misosuppe – auch zum Frühstück! Erlaubt ist alles, was der Kühlschrank hergibt, beispielsweise grüne Paprika, Aubergine, Spargel oder Zucchini. Auch beim Tofu darf Abwechslung sein – er passt auch frittiert sehr gut in die Suppe.

OPEN
RENAULT

占い館アウルタム占い館
全国に店舗
飲食転職
専門エージェント
エフジョブ
店舗物件検索サイト
テンポスマート
タイセイ・ハウジー
新宿営業所
西新宿一丁目
Nishishinjuku 1
もみほぐし
餃子の神髄
酒蔵
紀州屋
Rin Rin
REGULUS ZERO
STRAIL
6F
レンタルオフィス
03-6262-3638
THE CONSULTANT

Vor allem in den Großstädten beginnt der Tag früh und schnell, Pendler machen sich bereits in den Morgenstunden auf den Weg – da muss es einfach und effizient sein. Viele greifen dann zu praktischen Lösungen aus dem *konbini* (コンビニ), jenen rund um die Uhr geöffneten Mini-Supermärkten, die in Japan fester Bestandteil des Alltags sind. *konbini* ist die Kurzform von »Convenience Store«, doch das Wort wird dem Konzept kaum gerecht: Es handelt sich um eine Mischung aus Supermarkt, Schnellrestaurant, Poststelle, Geldautomat, Ticketverkauf und Drogerie.

海老カツサンド

SANDWICH

mit Garnelenpatty

Garnelensandwich ist ein konbini-*Klassiker: Zwischen fluffigem Weißbrot versteckt sich ein goldbraun frittiertes Garnelenpatty. Perfekt für das schnelle Frühstück unterwegs oder als köstlicher Snack zwischendurch.*

Für 4 Personen | 30 Min. Zubereitung

Butter
4 Scheiben Shokupan (oder Sandwichtoast)
400 g Garnelen
Salz
2 EL Fischsauce
1 Bio-Limette
50 g japanische Mayonnaise (siehe Grundrezept)
1 EL Sojasauce
1 EL Reisessig
Tōgarashi (jap. Gewürzmischung)
½ Spitzkohl
2 Eier (M)

AUSSERDEM
Mehl zum Panieren
Panko zum Panieren
1 l Öl zum Frittieren

1. Etwas Butter in einer Pfanne schmelzen lassen und das Brot darin von beiden Seiten in wenigen Min. goldbraun rösten.

2. 100 g Garnelen mit ½ TL Salz und 1 EL Fischsauce in einem Mixer zu einer feinen Masse pürieren. Die restlichen 300 g Garnelen grob hacken und dazugeben. Die Garnelenmasse zu zwei Pattys formen, auf einen mit Backpapier belegten Teller legen und für 10–15 Min. in den Tiefkühler stellen.

3. Inzwischen die Limette heiß waschen und abtrocknen, die Schale fein abreiben und den Saft auspressen. Die Mayonnaise mit Limettensaft und -schale, Sojasauce, Reisessig und etwas Tōgarashi verrühren, das Ganze mit etwas Salz abschmecken. Den Spitzkohl putzen und fein hobeln, dann in der Mayonnaise marinieren.

4. Die Eier in einen tiefen Teller aufschlagen und mit dem restlichen EL Fischsauce verquirlen. Mehl und Panko jeweils in einen tiefen Teller füllen und eine Panierstraße vorbereiten.

5. Das Öl in einen Topf geben und erhitzen. Wenn an einem hineingehaltenen Holzlöffel Bläschen aufsteigen, ist das Öl heiß genug zum Frittieren.

6. Die angefrorenen Pattys zuerst im Mehl, dann in Ei und Panko wenden. Sofort ins heiße Öl geben und 5–8 Min. frittieren. Anschließend auf Küchenpapier entfetten.

7. Den Kohlsalat auf das geröstete Brot geben, die Pattys darauflegen und mit etwas Kohlsalat bedecken. Eine zweite Scheibe Brot auflegen und die Sandwiches jeweils halbieren.

のお客さまへ
禁煙
No Smoking
1番線
新宿·池袋方面
改札係員窓

Pendeln gehört zum Alltag wie der Reis zur *bentō*. In Japan sind Millionen Menschen täglich unterwegs – oft über Stunden. Der Weg zur Arbeit startet früh, führt durch große Bahnhöfe mit exakt getakteten Umstiegen und endet nicht selten erst nach einer langen Rückfahrt spät am Abend. Dann schnell mal ein *onigiri* auf dem Weg zur U-Bahn? Lieber nicht. Essen im Gehen oder unterwegs gilt als unhöflich, in vielen Städten weisen sogar Schilder freundlich darauf hin: »Don't eat while you walk.« Selbst das Trinken von Softdrinks unterwegs wird eher schräg beäugt. Wasser ist die Ausnahme, aber auch das trinkt man eher diskret im Stehen am Rand. Wer Hunger hat, kehrt in den nächsten *konbini* ein oder isst im Büro im Pausenraum.

コロッケ

JAPANISCHE KROKETTEN

mit Fleischfüllung

korokke – *die japanische Variante der Kroketten – sind ein beliebter Snack zum Mitnehmen und tauchen auch morgens gern auf dem Frühstücksteller oder im* konbini-*Regal auf. Gefüllt mit Kartoffeln, Hackfleisch oder Gemüse sorgen sie für einen deftigen Start in den Tag.*

Für 4 Personen | 25 Min. Zubereitung

- 1 kg mehligkochende Kartoffeln
- Salz
- 1 Zwiebel
- Öl zum Braten + 1 l Öl zum Frittieren
- 500 g Rinderhackfleisch
- Pfeffer
- 1 EL Butter
- 4 Eier (M)
- Mehl zum Panieren
- Panko zum Panieren
- Tonkatsusauce (siehe Grundrezept)

1. Die Kartoffeln schälen und vierteln, in einen Topf geben und mit Wasser bedecken, etwas salzen. Das Wasser aufkochen und die Kartoffeln bei mittlerer Hitze in ca. 15 Min. garen.

2. Inzwischen die Zwiebel schälen und fein würfeln. Etwas Öl in einer Pfanne erhitzen und die Zwiebelwürfel darin glasig anschwitzen. Dann das Hackfleisch dazugeben und krümelig braten. Die Masse mit Salz und Pfeffer würzen.

3. Die Kartoffeln abgießen, dann zurück in den Topf geben und bei kleiner Hitze unter langsamem Rühren die überschüssige Feuchtigkeit verdampfen lassen, bis die Kartoffeln trocken und leicht pudrig aussehen. Anschließend die Kartoffeln grob zerstampfen, die Butter unterrühren und die Masse mit Salz und Pfeffer würzen. Die Fleischmasse unter die Kartoffelmasse heben, dann diese Masse direkt zu Kroketten formen und auf einen mit Backpapier belegten Teller geben. Für ca. 15 Min. in den Tiefkühler stellen.

4. Inzwischen die Eier in einen tiefen Teller aufschlagen und verquirlen. Mehl und Panko jeweils in einen tiefen Teller füllen und damit eine Panierstraße vorbereiten.

5. Das Frittieröl in einen Topf geben und erhitzen. Wenn an einem hineingehaltenen Holzlöffel Bläschen aufsteigen, ist das Öl heiß genug zum Frittieren.

6. Die angefrorenen Kroketten zuerst im Mehl, dann in Ei und Panko wenden. Sofort ins heiße Öl geben und 2–3 Min. frittieren. Anschließend auf Küchenpapier entfetten und mit Tonkatsusauce servieren.

醤油のスクランブルエッグ

RÜHREI

mit Sojasauce

Rührei mit einem Schuss Sojasauce gehört zu den Klassikern auf dem japanischen Frühstückstisch. Die Kombination aus cremigem Ei und herzhafter Würze braucht kaum weitere Zutaten und schmeckt sowohl warm als auch lauwarm.

Für 4 Personen | 20 Min. Zubereitung

1 TL Maisstärke
100 ml Dashi (japanische Brühe)
1–2 EL Sojasauce
1 EL Mirin (Reiswein)
1 TL Sake (Reiswein)
½ TL Zucker
4 große Eier (L)
¼ TL Salz
weißer Pfeffer
1 EL Butter
Aonori (grüne Algenflocken) zum Servieren

1. Die Stärke mit 1 TL kaltem Wasser glatt rühren. In einem kleinen Topf die Dashi-Brühe, Sojasauce, Mirin, Sake und Zucker mischen und kurz aufkochen lassen. Dann Topf vom Herd ziehen und die angerührte Stärke langsam einrühren. Die Sauce bei mittlerer Hitze unter ständigem Rühren köcheln lassen, bis sie eindickt und klar wird.

2. Die Eier in eine kleine Schüssel aufschlagen, Salz und 1 Prise weißen Pfeffer dazugeben. Nur leicht verquirlen, sodass sich Eiweiß und Eigelb gerade so vermischen, aber noch Schlieren sichtbar sind.

3. Eine beschichtete Pfanne bei mittlerer Hitze erwärmen. Die Butter darin schmelzen, dann die Eiermischung in die Pfanne geben und etwa 10–15 Sek. am Rand stocken lassen. Die gestockte Masse mit einem Silikonspatel (oder Holzlöffel) immer wieder sanft vom Rand zur Mitte schieben, sodass große, weiche Flocken entstehen, die außen leicht gestockt und innen noch cremig-feucht sind.

4. Sobald die Eimasse einmal angegart ist – sie sollte noch leicht glänzen –, die Pfanne vom Herd nehmen. Das Rührei auf Tellern anrichten und die Sauce darübergeben. Mit 1 Prise Aonori bestreuen und servieren.

ユニークな自販機1位と紹介されました！
氷
COLD つめた〜い
COLD つめた〜い
ブレンドコーヒー
あたたか〜い
ミル挽き珈琲ドリップパック
好評販売中
ミル挽き珈琲 アドマイヤ
調理中のシーンが生映像でご覧になれます
アイスモカ100% レギュラーサイズ ¥220
モカ100%アイスコーヒー ¥330
ゲイシャブレンド Geisha Blend
モカ100% レギュラーサイズ
モカ 100% Mocha Coffee ¥290
モカ 100% Mocha Coffee ¥340
キリマンジャロ100% Kilimanjaro Coffee
ブラック 微糖 砂糖入り クリーム入り
扉は自動で開きます
注意
上のテレビも見てネ！
キャップ飲み口
紙の合わせ目
10円玉が不足しております。ご協力をお願い致します。
Please insert one coin at a time
コインは1枚ずつゆっくりお入れ下さい
できあがり
お問い合わせ
那須高原下り-02
0248-21-1773
0120-170-522
ミル挽き珈琲
TOVEN
GRIND COFFEE ON A MILL
Refreshing both mind and body.
KEY'S CAFE
一般的なドリップパックより1.5倍多く豆を使用！格別な味と香り。

Der morgendliche Kaffee stammt oft aus dem Automaten. An beinahe jeder Straßenecke, in *konbinis*, Bahnhöfen oder Bürogebäuden, gibt es Maschinen, die auf Knopfdruck Filterkaffee und andere Kaffeespezialitäten in Pappbechern ausgeben. Wer nun wässrige Plörre erwartet, wird überrascht sein – der Kaffee ist überraschend gut und vollmundig. Das Geheimnis: Verwendet wird nicht etwa Instantpulver, sondern frisch vor dem Brühen gemahlene Bohnen. Für viele Pendler ist dieser Kaffee fester Bestandteil ihrer morgendlichen Routine – zuverlässig, schnell und sehr aromatisch.

Auch wenn in Japan Misosuppe traditionell das »Frühstücksgetränk« der Wahl ist, hat sich Kaffee längst einen festen Platz im Alltag erobert – erwartungsgemäß mit viel Hingabe zum Detail. Anders als in vielen westlichen Ländern ist Filterkaffee in Japan kein beiläufiger Energiespender, sondern ein bewusstes Ritual. Japan hat eine lebendige und vielfältige Kaffeeszene: Während sich traditionelle *kissaten* (喫茶店) – klassische Kaffeelokale mit dunklem Holzinterieur und leiser Jazzmusik – ihre nostalgische Atmosphäre bewahrt haben, setzen junge Röstereien auf klare Linien, Single-Origin-Bohnen, Spezialwissen und präzise Brühmethoden.

總本家 大茶
総本家
大茶萬
お茶のみ処
ごゆっくりどうぞ
桜
ういろう
花見だんご
さくら餅

Gerade zum Frühstück greifen viele Japaner mittlerweile zu Brot statt Reis: Typisch sind weiche, fluffige Teige, die ein wenig an Brioche erinnern – allen voran *shokupan* (食パン), das japanische Milchbrot in Kastenform. Es hat ein feines, hefeartiges Aroma und ist oft die Basis für kunstvoll gefüllte Sandwiches. Daneben gehören süße gefüllte Brötchen zum Standardrepertoire. Besonders beliebt ist *anpan* (あんぱん), ein weiches Hefebrötchen, gefüllt mit süßer Bohnenpaste aus roten Azukibohnen. Außerdem finden sich in den Auslagen der Bäckereien oft kreative Variationen wie *karēpan* (mit würziger Currysauce gefüllt und außen knusprig frittiert), *melonpan* (mit einer keksartigen Kruste) oder anderes Gebäck mit *matcha*, Süßkartoffel oder Kastanie.

おさむら
長村医院
内科・小児科・放射線科
東山区今熊野池田町57-5
☎561-2043
HITO=TABI

Auf den ersten Blick wirken die Theken der Bäckereien wie europäische Importe, gefüllt mit verlockenden Croissants, Brötchen und Baguettes. Doch wer genauer hinsieht, entdeckt schnell eine eigene kulinarische Welt, in der westliche Backtradition mit japanischen Aromen verschmilzt.

DIE GRÜNE SEELE

matcha (抹茶), dieser leuchtend grüne, pulverisierte Grüntee, hat in Japan nicht nur Jahrhunderte überdauert, sondern sich mit den Generationen gewandelt – von der meditativen Teezeremonie bis zum hippen Coffeeshop. Anders als beim gewöhnlichen Grüntee landet hier das ganze Blatt in der Tasse: fein vermahlen, komplett aufgeschlagen und dann frisch genossen. Das schmeckt intensiv, leicht herb, fast schon cremig und macht dank ordentlich Koffein und Antioxidantien ziemlich wach.

Inzwischen gibt es *matcha* überall – nicht nur in Japan, sondern weltweit. Man bekommt ihn als Latte, in Kuchen, Pralinen oder als cremiges Eis. Was früher dem Teehaus vorbehalten war, bringt heute Farbe und Tradition in moderne Cafés.

Wer *matcha* als Souvenir mitnehmen möchte, sollte mit allen Sinnen einkaufen: Ein leuchtend grünes, feingemahlenes Pulver gilt als erstes Indiz für hochwertigen Tee. Der Geschmack ist meist lieblichsüß, *matcha* kann aber durchaus auch herber schmecken – auf keinen Fall aber unangenehm bitter oder gar säuerlich!

Gerade beim Frühstück zeigt sich: Tradition und Moderne können koexistieren – mal neben-, mal miteinander. Wer Glück hat, bekommt im Hotel ein Frühstücksbuffet, bei dem beides möglich ist: Toast oder gegrillter Lachs, Kaffee oder Misosuppe. Und vielleicht ist genau das die schönste Antwort auf die Frage, wie Japan in den Tag startet: mit allem, was schmeckt.

Manche gönnen sich eine echte Pause, tauchen ab in die nächste *izakaya* oder genießen ihr *bentō* auf der Parkbank. Andere arbeiten einfach durch und greifen unterwegs zu schnellen Snacks oder zum praktischen To-go-Essen. Die kulinarische Auswahl hat für alle etwas zu bieten: Frisch zubereitete Gerichte, praktische Snacks aus dem *konbini* oder schnelle Happen vom Imbiss – alles ist lecker, vielfältig und irgendwie unkompliziert.

MIT
AGS

店内禁煙
ご協力をお願いいたします
Smoking is prohibited inside the store
Thank you for your cooperation

Lunchbreak, das ist die wohlverdiente Pause im durchgetakteten Alltag. Zur Mittagszeit füllen sich die Straßen mit hungrigen Büroangestellten, Handwerkern und Studierenden auf der Suche nach einer schnellen, sättigenden Mahlzeit. Es wird gebrutzelt, gerührt, angerichtet, *gyōza* gebraten, *rāmen* serviert, Curry mit Reis gelöffelt. Es darf jetzt schnell gehen, damit alle bald wieder satt und zufrieden an ihren Arbeitsplatz zurückkehren können.

Am Arbeitsplatz wiederum ist das *bentō* (弁当) der Klassiker – selbst mitgebracht oder morgens noch fix im *konbini* gekauftes Essen in Plastikschalen. Gegessen wird effizient, diskret und ohne großes Aufheben, zwischen E-Mails und dem nächsten Meeting. Auch so mancher Taxifahrer (hier in Kyōto) findet eine pragmatische Lösung für seine Mittagsmahlzeit.

D GEL
洗浄タイプ
ッパリベトつかない
熊野古道

ねぎ焼き

PFANNKUCHEN

mit Ei

Schnell und sättigend, knusprig und herzhaft: Diese Pfannkuchen mit Frühlingszwiebeln und rohem Ei sind ein bodenständiger Mittagssnack.

Für 4 Personen | 20 Min. Zubereitung | 15 Min. Warten

TEIG:
100 g Weizenmehl (Type 405 oder 550)
Salz
1 Ei (L)
150 ml Dashi (japanische Brühe)
½ TL Backpulver

BELAG:
1 Bund Frühlingszwiebeln
Öl zum Braten
6 Eier (L)
Aonori (grüne Algenflocken) zum Servieren
Katsuobushi (Bonitoflocken)
japanische Mayonnaise (siehe Grundrezept)
Okonomiyakisauce
Sansho-Pfeffer

1. Für den Teig das Mehl, Salz und das Ei in einer großen Schüssel vermischen. Nach und nach die Dashi-Brühe dazugeben und gut unterrühren, bis ein glatter Teig entsteht – er sollte die Konsistenz eines dickflüssigen Pfannkuchenteiges haben. Dann das Backpulver einrühren und den Teig ca. 15 Min. ruhen lassen.

2. Inzwischen die Frühlingszwiebeln waschen und putzen, dann in Ringe schneiden.

3. Etwas Öl in einer großen Pfanne (oder auf der Teppan-Platte) bei mittlerer Hitze erwärmen. Jeweils ein Viertel des Teiges in die Pfanne geben und zu einem großen Kreis verstreichen. Auf jeder Portion eine Handvoll Frühlingszwiebeln verteilen und die Pfannkuchen 3–5 Min. braten, bis sich auf der Oberfläche Blasen bilden.

4. Die Pfannkuchen dann vorsichtig wenden und die andere Seite ebenfalls 3–4 Min. braten. Dann auf Tellern anrichten.

5. Direkt vor dem Servieren jeweils 1 Ei aufschlagen und vorsichtig auf die Mitte eines warmen Pfannkuchens gleiten lassen. Mit 1 Prise Aonori sowie Katsuobushi bestreuen und mit Mayonnaise und Okonomiyakisauce servieren.

Wer zur Mittagspause keine Zeit für ein Restaurant findet, isst eben dort, wo es gerade passt. Auf Bänken oder in Parks – selbst im hektischen Großstadtgewusel lässt sich meist irgendwo ein ruhiges Plätzchen finden.

VANS

Viele Restaurants und Imbissläden bieten ihre Gerichte auch zum Mitnehmen an – meist gut verpackt und fürs Kaufen im Vorbeigehen vorbereitet. Ob liebevoll zusammengestellte *bentō*, Suppen im Styroporbecher oder feines Fingerfood fürs Picknick: Die Auswahl ist riesig, die Qualität zuverlässig hoch.

豚カツ

SCHWEINESCHNITZEL

mit Mayonnaise und Kohl

tonkatsu, *das goldbraun frittierte Schweineschnitzel, gehört zu den beliebtesten Mittagsgerichten in Japan – außen knusprig, innen saftig, oft begleitet von fein geschnittenem Kohl. Wer es etwas üppiger mag, gönnt sich dazu noch einen Klecks Mayonnaise.*

Für 4 Personen | 40 Min. Zubereitung

- Panko zum Panieren
- 2 Eier (M)
- 1 EL Öl + 1 l Öl zum Frittieren
- Salz
- Mehl zum Panieren
- 4 Schweineschnitzel (à 125 g)
- Pfeffer
- 1 Spitzkohl
- 2 EL Sesamöl
- 2 EL Reisessig
- Zucker
- japanische Mayonnaise (siehe Grundrezept)
- Tonkatsusauce (siehe Grundrezept)

1. Das Panko mit etwas Wasser besprühen, dann ca. 15 Min. stehen lassen.

2. Die Eier in einen tiefen Teller aufschlagen und mit Öl und etwas Salz verquirlen. Mehl und Panko jeweils in einen tiefen Teller füllen und eine Panierstraße vorbereiten.

3. Das Fleisch von beiden Seiten mit Salz und Pfeffer würzen und zuerst im Mehl, anschließend in der Eimischung und im Panko panieren.

4. Den Spitzkohl putzen und fein hobeln. Anschließend mit Sesamöl, Reisessig, Salz und Zucker vermengen.

5. Das Frittieröl in einen Topf geben und erhitzen. Wenn an einem hineingehaltenen Holzlöffel Bläschen aufsteigen, ist das Öl bereit zum Frittieren. Dann die Schnitzel im heißen Öl 4–5 Min. ausbacken, anschließend auf einem Küchentuch abtropfen lassen.

6. Das Tonkatsu in 2 cm breite Stücke schneiden und mit Spitzkohl, Mayonnaise und Tonkatsusauce servieren.

焼肉
虎次郎
虎
IN
【営業時間】17:00～23:00

地魚料理 一品料理 煮魚 焼魚 やきとり 揚げもの
居酒屋
やしま
大小宴会承ります 20名様までOK TEL 46-4005
ご予約受け承ります。
地魚
居酒屋

OPEN

Wer mittags in besonders beliebte Restaurants möchte, braucht oft Geduld – oder einen Plan. Vor vielen guten Lokalen und Imbissen bilden sich bereits vor der Öffnung kleine Schlangen, besonders in Geschäftsvierteln oder in der Nähe von Bahnhöfen. Reservierungen sind zur Mittagszeit nicht üblich, stattdessen heißt es: anstellen, warten, hoffen.

伝統 宮染
宮染
福井染工場
製造・卸小売
袢天のれんのぼり旗幕
専用P
店舗
meiji

SUNTORY
SUNTORY

卵焼き

GEROLLTES OMELETTE

Auch wenn tamagoyaki *– das gerollte japanische Omelett – häufig zum Frühstück gereicht wird, ist es längst ein fester Bestandteil vieler* bentō *und Mittagsgerichte. Es ist einfach zu vielseitig und unkompliziert, um sich auf eine Tageszeit festlegen zu lassen.*

Für 4 Personen | 15 Min. Zubereitung

- 4 Eier (M)
- 1 EL Zucker
- 1 EL Sojasauce
- Sesamöl zum Braten

1. Die Eier in eine Schüssel aufschlagen und mit Zucker und Sojasauce verquirlen, bis sich der Zucker gelöst hat.

2. Etwas Sesamöl in einer Pfanne erhitzen. Bei mittlerer Hitze etwa ein Drittel der Eimasse in die Pfanne geben und gleichmäßig in der Pfanne verteilen. Bläschen vorsichtig aufstechen. Wenn die Oberfläche fest geworden ist, die Eimasse langsam mit einem Pfannenwender aufrollen.

3. Das zweite Drittel der Eimasse in den frei gewordenen Teil geben, gleichmäßig in der Pfanne verteilen, wieder fest werden lassen und aufrollen. Dann die restliche Eimasse in die Pfanne geben und ebenso fest werden lassen und vorsichtig aufrollen.

4. Das Omelette aus der Pfanne nehmen, anrichten und servieren.

TIPP

Das Ei schmeckt solo als schnelles Frühstück, in feinen Scheiben in Bentoboxen oder auf Reis mit Gemüse. Vor allem die fluffige Konsistenz macht es zu einem Liebling der japanischen Alltagsküche.

LET'S ENJOY
JAPAN SAKE

INSTANT-NUDELN

Fertignudeln zum Aufgießen sind in Japan mehr als ein Notnagel im Vorratsschrank, sie sind ein fester Bestandteil der Alltagskultur – günstig, praktisch und auch noch erstaunlich vielfältig. Die Snacknudeln passen perfekt in den trubeligen Alltag. Alles, was man braucht, steckt in einem handlichen Becher oder einer Tüte: getrocknete Nudeln, eine Würzmischung (meist ordentlich umami) und oft noch ein Tütchen mit Öl oder Paste für den Extrakick. Heißes Wasser dazu, drei Minuten Geduld – und zack: eine dampfende Portion Suppenglück. Damit der kleine Imbiss jederzeit zur Verfügung steht, gibt es sogar eigene Heißwasserautomaten, die in jedem *konbini*, in Büroetagen, ja sogar in Hotels zu finden sind.

Das Geschmacksangebot reicht von klassischen Sorten wie Sojasauce, *miso* oder *shio* (Salz) bis hin zu den ausgefallenen Varianten Curry, Kimchi oder sogar Carbonara. Die meisten davon schmecken erstaunlich gut, manche sind ein kleines Abenteuer. Natürlich können sie es nicht mit einer frisch gekochten Mahlzeit aufnehmen, trotzdem sind Instantnudeln ein kulinarischer Kompromiss mit Kultstatus: Viele Japanerinnen und Japaner haben ihre persönliche Lieblingsmarke oder nostalgische Erinnerungen an eine bestimmte Sorte aus ihrer Kindheit. Längst hat sich eine eigene Szene um die schnellen Nudeln gebildet – mit limitierten Editionen, regionalen Geschmacksrichtungen und sogar eigenen Museen in Osaka und Yokohama.

数量限定
早い者勝ち!!
サンヨー
ホープ軒 背脂砧骨醤油ラーメン
1個 118 〈本体〉円
8% 税込 128円
数量限定
早い者勝ち!!
サンヨー
むすびの一杯 豚汁ラーメン
1個 108 〈本体〉円
8% 税込 117円
数量限定
早い者勝ち!!
マルちゃん
麺づくりあったかあんかけ醤油
1個 98 〈本体〉円

量限定
者勝ち!!
ったか生姜香る味噌
98
〈本体〉円
数量限定
早い者勝ち!!
マルちゃん
黄色い天ぷらカレーうどん
1個
98
〈本体〉円
数量限定
早い者勝ち!!
マルちゃん
ホットワンタン
牛だしわかめスープ
1個
98
〈本体〉円
8% 税込 106円
数量限定
早い者勝ち!!
マルちゃん
デカまる五目醤油ラーメン
1個
128
〈本体〉円
8% 税込 139円
TOYO SUISAN

丼

REISBOWL

mit Toppings

Heute Mittag muss es flott gehen und trotzdem schön satt machen? Dann ist dieses Gericht ideal: Reis mit allerlei Toppings ist japanisches Fast Food im besten Sinne.

Für 4 Personen | 1 Std. Zubereitung

150 g kleine Kartoffeln (z. B. Drillinge)
Öl zum Braten
Salz
300g japanischer Rundkornreis (Sushi-Reis)
100 g Brokkoliröschen
300 g Bambusstreifen (Dose)
100 g gemischte Pilze (z. B. Austernpilze, Enoki)
1 Knoblauchzehe
1 Stück Ingwer (ca. 2 cm)
1 EL Sojasauce
1 TL Mirin (Reiswein)

DONBURISAUCE:
200 ml Dashi (japanische Brühe)
3 EL Sojasauce
2 EL Mirin (Reiswein)
1 EL Sake (Reiswein)
1 TL Zucker

AUSSERDEM:
1 Portion Tamagoyaki (siehe Grundrezept)

1. Den Ofen auf 180° (Umluft) vorheizen. Die Kartoffeln waschen und halbieren, auf ein mit Backpapier belegtes Blech geben, mit dem Öl einreiben und leicht salzen. Die Kartoffeln im heißen Ofen (Mitte) in ca. 40 Min. knusprig und goldbraun backen.

2. Den Reis in einem Sieb unter kaltem Wasser gründlich waschen, bis das Wasser klar wird. Dann mit 450 ml Wasser in einen Topf geben und einmal aufkochen. Den Deckel auflegen und den Reis bei kleiner Hitze ca. 15 Min. köcheln lassen, dann den Herd ausschalten und den Reis weitere 10 Min. quellen lassen.

3. Den Brokkoli waschen, dann ca. 2 Min. in reichlich Salzwasser blanchieren. Anschließend sofort in Eiswasser abschrecken, abgießen und gut abtropfen lassen. Den Bambus in ein Sieb abgießen und gut abtropfen lassen.

4. Die Pilze putzen, größere Köpfe halbieren. Den Knoblauch schälen und fein hacken, den Ingwer schälen und fein reiben. Etwas Öl in einer Pfanne erhitzen und die Pilze darin braten, bis sie etwas Flüssigkeit abgegeben haben. Ingwer und Knoblauch dazugeben und kurz mitbraten, bis es duftet. Sojasauce und Mirin unterrühren und kurz köcheln lassen, bis die Flüssigkeit etwas eingedickt ist.

5. Für die Sauce alle Zutaten in einem kleinen Topf mischen und zum Kochen bringen. Einige Minuten bei kleiner Hitze köcheln lassen, dann den Topf vom Herd nehmen.

6. Den Reis auf vier Schalen verteilen. Den Pilzmix, die Kartoffeln und den Bambus darauf anrichten. Das Tamagoyaki in Scheiben schneiden und ebenfalls auf die Schalen verteilen. Alles mit der Donburisauce beträufeln und servieren.

In den Gassen vieler japanischer Städte stößt man immer wieder auf kleine Restaurants, die wirken, als hätten sie sich seit Jahrzehnten kaum verändert. Hinter dem Tresen steht nicht selten eine hochbetagte Köchin oder ein Koch, die bzw. der hier schon seit einem halben Jahrhundert die Suppenkelle schwingt. Viele dieser Läden sind Familienbetriebe mit einer treuen Stammkundschaft. In Japans alternder Gesellschaft ist es nicht ungewöhnlich, dass Menschen bis ins hohe Alter arbeiten: Wer hier kocht, ist in Bewegung, hat soziale Kontakte und bleibt Teil des gesellschaftlichen Lebens.

漬物

JAPANISCHE PICKLES

Kaum ein japanisches Mittagessen kommt ohne tsukemono *aus – dieses eingelegte Gemüse ist die perfekte Ergänzung zu Reis, Suppen oder Hauptgerichten. Ob knackige Rettichscheiben, würzig-säuerliche Gurken oder mild fermentierter Kohl, die kleinen Pickles sorgen für Frische und Biss auf dem Teller.*

Für 4 Personen | 40 Min. Zubereitung

FOND: 800 ml Essig 200 g Zucker	40 g Salz getrockneter Kombu (Kelp)	AUSSERDEM: 500 g Rettich 1 Blatt Shiso	500 g Möhren 30 g Ingwer 2 Gläser (à 600 ml)

1. Für den Fond Essig, Zucker, Salz und 200 ml Wasser aufkochen. Den Kombu dazugeben und den Fond abkühlen lassen.

2. Den Rettich putzen, schälen und vierteln, in Scheiben schneiden. Den Shiso waschen und trocken schütteln, mit dem Rettich in ein sauberes Schraubglas geben und mit ½ l Fond übergießen.

3. Die Möhren putzen und schälen, in Scheiben schneiden. Den Ingwer schälen und ebenfalls in Scheiben schneiden. Beides in ein sauberes Schraubglas geben und mit ½ l Fond übergießen.

4. Alles 1–2 Tage durchziehen lassen.

TIPP

Weißkühl, Rübe, Gurke – *tsukemono* gibt es in vielen verschiedenen Varianten und Ausführungen. Auch *gari*, der süß-sauer eingelegte Sushi-Ingwer, gehört dazu. Die Fermentationszeit richtet sich nach dem verwendeten Gemüse: Kohl ist schon nach ein paar Stunden fertig, Wurzelgemüse darf einige Tage ziehen. Nach dem Fermentieren werden die Pickles am besten im Kühlschrank aufbewahrt.

味付け卵

WÜRZIGE EIER

in Sojasauce

In vielen izakaya *gehört* shoyu tamago *einfach dazu – nicht in jedem Gericht, aber immer griffbereit. Fast jede* izakaya *hat ihre eigene Version: mal mit etwas Knoblauch, mal mit Sesamöl oder ganz einfach pur.*

Für 4 Personen | 15 Min. Zubereitung

- 4 Eier (M)
- 30 ml Sojasauce
- 70 ml Dashi (japanische Brühe)

1. Die Eier anpieksen, dann in reichlich Wasser ca. 6 Min. kochen. Anschließend abschrecken, vollständig abkühlen lassen und pellen.

2. Die Sojasauce mit der Dashi-Brühe in eine Schüssel geben und die gepellten Eier hineingeben. Die Schüssel mit einem Küchentuch abdecken und 1–2 Tage in den Kühlschrank stellen.

TIPP

Die Eier in Sojasauce kennt man auch als Ramen-Eier – weil sie so oft in dampfend heißen Ramenschüsseln landen. Sie schmecken aber auch pur oder als Bestandteil der Bentobox.

若喜
天然醸造

SOJA-SAUCE

Umami, karamellig, manchmal leicht süßlich und natürlich salzig – kaum etwas prägt den Geschmack der japanischen Küche so sehr wie Sojasauce, japanisch *shōyu* (醤油). Ihren Ursprung hat sie im alten China, erst im 6. Jahrhundert kam das Rezept nach Japan und hat sich seitdem zur urtypischen Zutat entwickelt. Zuerst aus fermentierten Fleisch-, Fisch- und Salzprodukten hergestellt, wurden später Sojabohnen die Hauptzutat. Heute besteht traditionell hergestellte Sojasauce aus nur vier Zutaten: Wasser, Sojabohnen, Weizen und Salz.

Bei der Herstellung wird eine Mischung aus gedämpften Sojabohnen und geröstetem Weizen mit einem speziellen Schimmelpilz (*Aspergillus oryzae*) geimpft – japanisch *kōji*. Er macht aus Sojabohnen Miso, aus Reis Sake und aus Sojabohnen und Weizen eben Sojasauce. Anschließend wird diese Masse mit Salzlake vermischt und mehrere Monate bis zu Jahren fermentiert. Kurze Fermentation ergibt leichtere, hellere Saucen, längere Reifung führt zu dunkleren, komplexeren Aromen – ähnlich wie bei gereiftem Käse oder Wein.

鮮やか
調理で
香り立つ
いつでも新鮮®
キッコーマン
しぼりたて
生
なま
しょうゆ
本醸造
鮮度を保つ
開栓後常温保存
450ml
kikkoman

Während der Fermentation entsteht eine unglaubliche Geschmacksvielfalt – von leicht, fast fruchtig, bis tief dunkel und rauchig. Dementsprechend gibt es Sojasauce in vielen Varianten: von hell (*usukuchi*) bis dunkel (*koikuchi*), von besonders würziger Tamari bis hin zu süßlichen, regionalen Spezialitäten aus Kyūshū oder Shikoku. Jede Sorte bringt ihren eigenen Charakter, ihre eigene Tiefe mit. Manche eignen sich eher zum Würzen und Verfeinern, andere als Basis für Saucen, Dips und Dressings oder zum Marinieren und Beizen.

カレ

JAPANISCHES CURRY

mit Baguette

Traditionell wurde karē *mit Reis serviert. Doch besonders in urbanen Gegenden hat sich eine spannende Variante etabliert: Curry mit Baguette. Das knusprige französische Brot ist einfach viel praktischer, wenn es schnell gehen soll.*

Für 4 Personen | 40 Min. Zubereitung

- 500 g Schweineschulter
- 2 Zwiebeln
- 1 Stück Ingwer (ca. 3 cm)
- 2 Knoblauchzehen
- 2 Kartoffeln
- 2 Möhren
- Öl
- 50 g Golden-Curry-Paste

1. Das Fleisch in 4 cm große Würfel schneiden. Die Zwiebeln schälen und vierteln. Den Ingwer und die Knoblauchzehen schälen und fein hacken. Die Kartoffeln und Möhren schälen und grob würfeln.

2. Etwas Öl in einem Topf erhitzen und die Fleischwürfel darin scharf anbraten, dabei ab und zu umrühren. Die Zwiebelviertel dazugeben und kurz anbraten, dann Knoblauch und Ingwer mitbraten. Anschließend Möhren und Kartoffeln dazugeben und unter gelegentlichem Rühren mitbraten. Nach ein paar Min. mit 500 ml Wasser ablöschen und alles bei kleiner Hitze köcheln lassen, bis das Gemüse bissfest ist. Dann die Currypaste dazugeben und das Ganze noch einmal aufkochen.

3. Den Eintopf mit Baguette servieren.

大根おでん

EINTOPF

mit Rettich

Ob als kleines Mittagessen vom Straßenstand gegenüber oder doch im gemütlichen Lokal – oden ist ein einfaches Eintopfgericht, das vor allem in der kühleren Jahreszeit ein echter Dauerbrenner ist.

Für 4 Personen | 20 Min. Zubereitung | 30 Min. Kochen

4 Eier (M)
200 g Rettich
400 g Ramennudeln
2 l Dashi (japanische Brühe)
20 ml Mirin (Reiswein)
50 ml Sojasauce
30 ml Sake (Reiswein)
1 TL Salz
½ TL Zucker
400 g Seidentofu
Karashi (japanischer Senf)

1. Die Eier anpieksen, dann in reichlich Wasser 8 Min. kochen. Anschließend abschrecken und sorgfältig pellen.

2. Den Rettich waschen und putzen, in einem Topf mit Wasser bedecken und einmal aufkochen. Dann bei kleiner Hitze köcheln, bis er bissfest ist. Anschließend abgießen und abschrecken. Die Ramennudeln nach Packungsanweisung garen, abgießen und gut abtropfen lassen.

3. Dashi-Brühe mit Mirin, Sojasauce, Sake, Salz und Zucker in einen Topf geben. Rettich, gekochte Eier, Seidentofu und die gekochten Nudeln dazugeben und alles einmal aufkochen. Dann bei kleiner Hitze ca. 30 Min. köcheln lassen. Mit Salz abschmecken. Den Eintopf mit Senf servieren

Gemüse einlegen hat in Japan eine lange Tradition – und kaum ein Gericht kommt ohne einen kleinen Happen *tsukemono*, also eingelegte Beilage, aus. Besonders beliebt ist *menma*, eingelegter Bambus. Die meisten Restaurants kaufen ihn nicht einfach fertig, sondern fermentieren selbst. Jede Küche hat dabei ihre eigene Handschrift – mal mit Chili, mal mit Sojasauce, mal ganz dezent mit Dashi verfeinert.

Jedes Gericht der japanischen Küche folgt dem Prinzip des Gleichgewichts – sowohl geschmacklich als auch visuell. Das bedeutet aber nicht, dass kein Raum für persönliche Vorlieben wäre – Nachwürzen ist ausdrücklich erlaubt! Ein besonders beliebter Begleiter: Chiliöl bzw. *rayu* (ラー油). Die tiefrote Würze auf Ölbasis stammt ursprünglich aus China, hat sich aber längst in der japanischen Alltagsküche etabliert. Besonders bei *gyōza* (gebratenen Teigtaschen), *rāmen* oder Reisgerichten darf ein kleiner Klecks nicht fehlen.

とりがらスープ

WÜRZIGE HÜHNERBRÜHE

für Nudelsuppe

Ohne die perfekte Brühe wäre rāmen *nur halb so gut. Das Herzstück des Gerichts kocht stundenlang, um seinen ganz eigenen Geschmack zu entfalten. Über die Jahre entwickelt jedes Restaurant sein eigenes Aroma, das von Laden zu Laden stark variiert.*

Für 4 Personen | 10 Min. Zubereitung | 6 Std. Kochen

- 2 Hühnerkarkassen (oder 1 kg Hühnerklein)
- 2 l Dashi (japanische Brühe)
- Abschnitte von Frühlingszwiebeln

1. Die Hühnerkarkassen mit der kalten Dashi-Brühe und den Frühlingszwiebeln in einen Topf geben. Langsam einmal aufkochen lassen, dann die Hitze herunterdrehen und alles bei kleinster Hitze ca. 6 Std. sieden lassen.

2. Das Fett vorsichtig mit einer Kelle abnehmen und in eine Schüssel geben. Diese in den Kühlschrank stellen, damit das Fett fest wird. Die Brühe durch ein Passiertuch geben.

3. Zum Servieren Brühe und Fett separat erhitzen, dann in einer Schüssel anrichten.

TIPP

Die fertige Brühe hält sich im Kühlschrank 3–5 Tage. Wer sie länger aufbewahren will, friert die Brühe am besten ein und taut nach Bedarf auf.

RĀMEN

rāmen (ラーメン) ist weit mehr als nur eine Nudelsuppe – es ist Kultgericht, Seelentröster und nicht zuletzt fester Bestandteil des Mittagessens. Ob in einer kleinen Garküche am Bahnhof oder hastig in der Mittagspause geschlürft: Eine dampfende Schüssel *rāmen* ist schnell serviert, wärmt und sättigt – und ist meist erstaunlich günstig.

Anders als viele traditionelle japanische Gerichte ist *rāmen* kein uraltes Kulturgut, sondern ein vergleichsweise junges Gericht, das sich ständig weiterentwickelt. Genau das macht es so beliebt: *rāmen* folgt keinem starren Rezept, sondern eher einem Prinzip. Brühe, Nudeln und Toppings in unzähligen Kombinationen geben beinahe wie ein Baukastensystem viel Raum für Kreativität und regionale Eigenheiten. Herzstück ist immer die Brühe – stundenlang geköchelt aus Schweineknochen, Huhn oder Fisch. Die Nudeln aus Weizenmehl und mit *kansui* (alkalischem Wasser) geknetet, geben Biss und Charakter. Bei den Toppings schließlich gilt: Vieles kann, nichts muss. *chāshū* (geschmortes Schweinefleisch), *menma* (marinierter Bambus), Frühlingszwiebeln, Nori-Algen oder ein weich gekochtes Ei? Jede Zutat spielt eine eigene Rolle im Gesamtkunstwerk.

骨付鳥
一鶴
あさくさ
満席
骨付鳥
一鶴

Ob eher improvisiert oder kunstvoll zubereitet – *rāmen* passt sich seinem Ort an. Die japanische Nudelsuppe gibt es nicht nur im spezialisierten *rāmen-ya*, sondern an den unterschiedlichsten Orten von traditionsreichen Garküchen bis hin zu modernen Food-Courts. In Bahnhöfen reihen sich oft kleinste Läden direkt nebeneinander, jeder mit eigener Spezialität, eigener Brühe, eigenen Toppings. Auch *izakaya* – eigentlich eher Orte für Bier und kleine Tellergerichte – haben oft *rāmen* auf der Karte.

Zur Mittagszeit sind *rāmen-ya* gut besucht, oft mit langen Schlangen vor der Tür. Wer sich einen der begehrten Plätze sichern will, stellt sich besser früh an – manche Läden kochen nur 100 Portionen am Tag. Wenn die weg sind, sind sie weg. Drinnen geht alles zügig, bestellt wird meist an einem Automaten: Brühe, Nudeln, Toppings, alles lässt sich individuell zusammenstellen. Dann heißt es: Bon ziehen, hinsetzen, warten, schlürfen und schon ist die nächste Portion an der Reihe.

蕎麦 冷麦
嵯峨谷
嵯峨谷 人気メニュー
1位 天ぷらそば 380円
2位 もりそば 280円
3位 ミニ親子丼セット 550円
4位 生ビール 150円
5位 ミニあじ御飯セット 480円
ざるそば 330円
7位 たぬきそば 360円
親子丼
カレー南蛮
もりそば

Was gibt es heute? Die Antwort steht meist im Schaufenster – oder besser gesagt, sie liegt dort in einer Vitrine. In den meisten Restaurants gehören lebensechte Plastiknachbildungen der Gerichte zum Standard. Die sogenannten *shokuhin-sampuru* (食品サンプル) zeigen dampfende Schüsseln, glänzende Brühe und exakt drapierte Toppings bis ins kleinste Detail. So fällt die Entscheidung leichter – und die Vorfreude wird größer.

In vielen *rāmen-ya* wird ganz selbstverständlich allein gegessen: Man kommt, bestellt, isst – und geht wieder. Zur Mittagszeit zählt schließlich jede Minute: Die Schlange vor der Tür wartet, der nächste Gast soll nicht zu lange hungrig bleiben. Also bleibt kaum jemand sitzen. Gespräche sind selten, dafür hört man das genussvolle Schlürfen umso lauter. In Japan gilt das nicht als unhöflich – im Gegenteil: Es hilft sogar dabei, die heißen Nudeln besser zu essen.

坦々麺

NUDELSUPPE
mit Hackfleisch

In den kleinen, lebhaften rāmen-ya *Japans sitzt man beim Essen meist allein oder in kleinen Gruppen, ganz konzentriert auf die eigene Schüssel.* tantanmen *ist ein Klassiker unter den* rāmen *und verdient definitiv alle Aufmerksamkeit!*

Für 4 Personen | 40 Min. Zubereitung

- Öl zum Braten
- 250 g Schweinehackfleisch
- 1 EL Toban Djan (Chilibohnensauce)
- 30 ml Sake (Reiswein)
- 20 ml Sojasauce
- 20 ml Austernsauce
- 400 g Ramennudeln
- 1 l würzige Hühnerbrühe (siehe Grundrezept)
- 200 g Baby-Blattspinat
- 100 g Sesam
- 100 g Tahin (Sesampaste)
- 2 EL Dashi (japanische Brühe)
- 2 EL Mirin (Reiswein)
- 100 ml Sojasauce
- 4 EL Chiliöl
- Sancho-Pfeffer

1. Etwas Öl in einer Pfanne erhitzen und das Hackfleisch darin krümelig braten. Toban Djan dazugeben und verrühren, dann mit Sake ablöschen, etwa 50 ml Wasser dazugeben und so lange köcheln lassen, bis das Wasser verdampft ist. Das Fleisch mit Sojasauce und Austernsauce würzen und die Pfanne vom Herd ziehen.

2. Die Nudeln nach Packungsanweisung garen, abgießen und gut abtropfen lassen. Die Brühe erhitzen, aber nicht zum Kochen bringen. Den Spinat waschen, verlesen und trockenschleudern.

3. Den Sesam mörsern. Tahin, Sesam, Dashi-Brühe mit Mirin und Sojasauce zu einer dicken Paste verrühren. Jeweils ein Viertel der Paste, 1 EL Chiliöl und etwas Pfeffer in eine Suppenschale geben, die Nudeln auf die Schalen verteilen. Die heiße Brühe kellenweise auf die Schalen verteilen, dann das gebratene Hackfleisch in die Mitte häufen. Die Schalen mit etwas Spinat garnieren und servieren.

チャーシュー

NUDELSUPPE

mit Schweinebraten und Ei

rāmen *ist typisch japanisch und schmeckt doch immer wieder neu. Hier sorgen ein rohes Ei und langsam geschmortes Schweinefleisch* (chāshū) *für Abwechslung.*

Für 4 Personen | 30 Min. Zubereitung | 6–8 Std. Garen

400 g Schweineschulter am Stück 20 g Salz 10 g Zucker 20 ml Sojasauce	40 ml Sesamöl 10 g Knoblauchpulver 1,2 l würzige Hühnerbrühe (siehe Grundrezept)	8 EL Ramen-Suppenbasis nach Shoyu-Art 400 g Ramennudeln 4 Frühlingszwiebeln	4 Eier (M)

1. Die Schweineschulter mit Salz und Zucker einreiben und mit der Sojasauce in einen verschließbaren Beutel geben. Die Luft entweichen lassen, den Beutel verschließen und einige Std. in den Kühlschrank legen.

2. Den Ofen auf 130° vorheizen. Das Öl in einem Bräter erhitzen, das Fleisch aus der Marinade nehmen und von allen Seiten scharf anbraten. Anschließend im heißen Ofen (Mitte) bis zu einer Kerntemperatur von 54–56° braten (Fleischthermometer verwenden, alternativ das Fleisch zuerst im Sous-vide-Garer auf Temperatur bringen und anschließend scharf anbraten). Das gegarte Fleisch mit Knoblauchpulver einreiben und vollständig abkühlen lassen. In feine Scheiben schneiden.

3. Die Ramenbrühe aufkochen, die Suppenbasis einrühren. Die Nudeln nach Packungsanweisung garen, abgießen und gut abtropfen lassen. Die Frühlingszwiebeln waschen, putzen und in Scheiben schneiden. Dann Nudeln, die rohen Eier und Frühlingszwiebeln mit dem Schweinefleisch in Suppenschalen anrichten, zum Servieren die heiße Brühe darübergeben.

TIPP

Noch mehr Aroma bekommt die Suppe, wenn man die Schalen vor dem Anrichten mit Nori-Algen-Blättern auslegt. Sie geben der Suppe ein tiefes, herzhaftes Umami.

仏の扉
永井紗耶子
重版決定!
潮音
宮本輝
1位
eBook

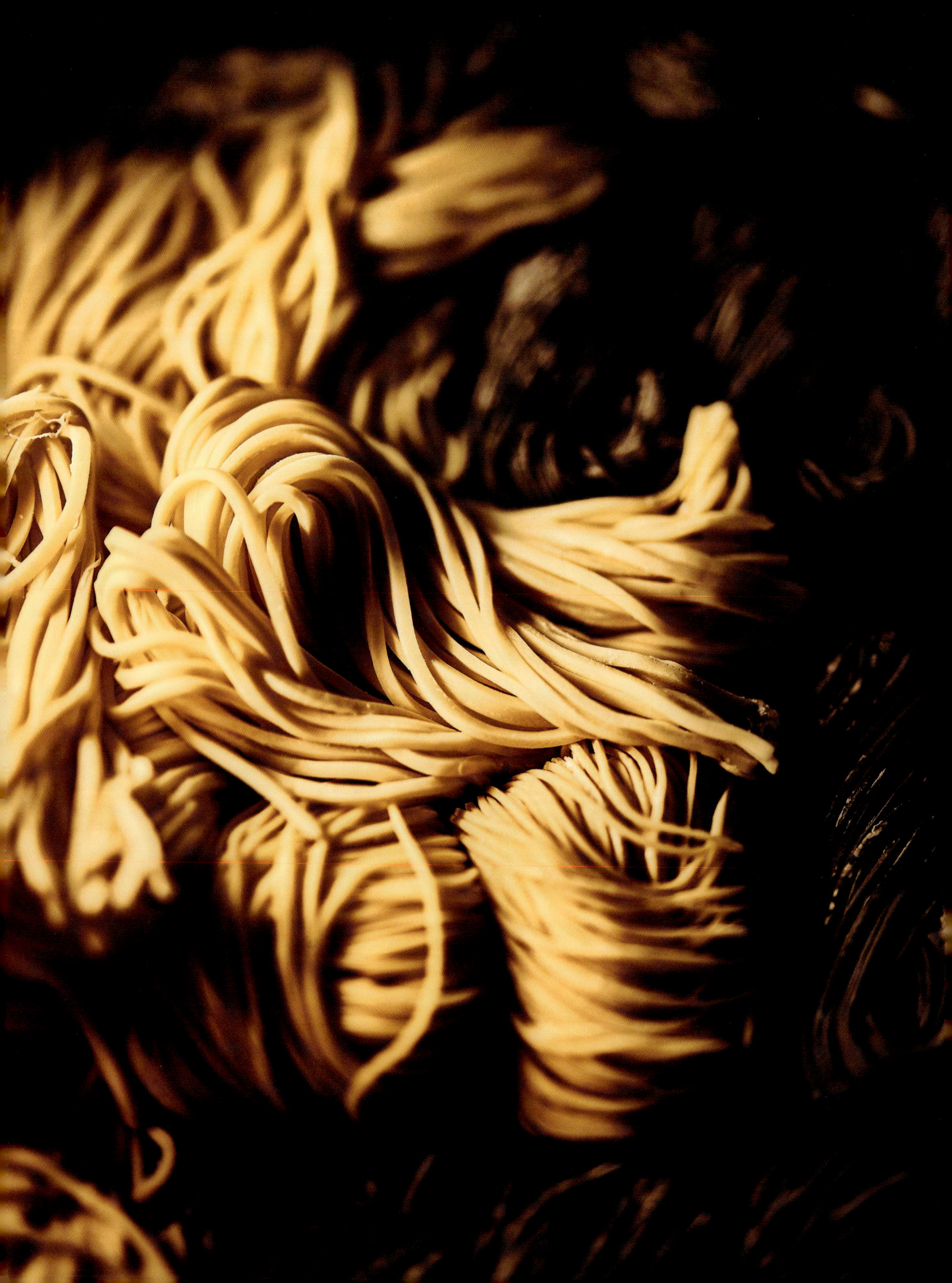

Ohne die richtigen Nudeln ist keine Schüssel *rāmen* komplett. In den meisten *rāmen-ya* werden sie täglich frisch geliefert, oft aus spezialisierten Manufakturen, die nichts anderes tun, als sich der perfekten Textur und dem richtigen Biss zu widmen. Gelagert werden sie traditionell in flachen Holzkisten. Länge, Dicke, Wellenform – all das variiert nach Region, Rezept und Brühe. Manche Läden setzen auf besonders dünne, gerade Nudeln, andere auf dicke, gewellte Varianten, die mehr Suppe aufnehmen.

コーンとクリームチーズラーメン

NUDELSUPPE

mit Mais und Frischkäse

rāmen *ist ein junges Gericht und erfindet sich laufend immer wieder neu. Die Abwechslung ist groß und keine Kombination zu gewagt. Hier sorgt Mais für Süße, der Frischkäse für diese einzigartige Cremigkeit.*

Für 4 Personen | 40 Min. Zubereitung

- 1 l würzige Hühnerbrühe (siehe Grundrezept)
- 150 g Frischkäse
- 100 ml Sojasauce
- 50 g Mizuna (japanischer Senfkohl, oder Rucola)
- ½ rote Paprika
- 4 würzige Eier in Sojasauce (siehe Grundrezept)
- 1 gegarter Maiskolben
- 400 g schwarze Ramennudeln
- 4 EL Chiliöl
- geröstete Quinoa
- Frühlingszwiebelringe zum Bestreuen

1. 300 ml Brühe in einem großen Topf erhitzen, aber nicht zum Kochen bringen. Den Frischkäse einrühren, sodass eine homogene Flüssigkeit entsteht. Anschließend die restlichen 700 ml Brühe dazugeben und die Sojasauce einrühren.

2. Den Mizuna waschen und trocken schleudern. Die Paprikahälfte waschen und von Kernen und weißen Trennhäuten befreien. Das Fruchtfleisch in feine Streifen schneiden. Die Eier halbieren.

3. Den Mais in Streifen vom Kolben schneiden und mit einem Bunsenbrenner leicht flämmen. Alternativ den Mais mit etwas Öl in einer Pfanne scharf anbraten.

4. Die Ramennudeln nach Packungsanweisung garen, dann abgießen und gut abtropfen lassen. Die Nudeln auf Suppenschalen verteilen, pro Portion 1 TL Chiliöl darüberträufeln. Die Ramenbrühe kellenweise auf die Nudeln geben. Dann Mais, Eier, Mizuna, Quinoa und Paprika auf den Nudeln anrichten und mit Frühlingszwiebeln garniert servieren.

CHELS
CAMBRID
BOST
PUBLIC A
427

豚肉うどん

DICKE-NUDEL-SUPPE

mit Schwein

Mittags zwischen Alltag und Arbeit neue Kraft tanken? In den gemütlichen Wirtshäusern Japans, wo es oft ein bisschen langsamer zugeht, gehört eine dampfende Schüssel udon *einfach dazu.*

Für 4 Personen | 30 Min. Zubereitung

1,5 l Dashi (japanische Brühe)
4 EL Sojasauce
2 EL Mirin (Reiswein)
1 TL Zucker
600 g Udon-Nudeln
Salz
400 g Schweinebauch
1 EL Öl zum Braten
Frühlingszwiebelringe zum Bestreuen
Shichimi tōgarashi (japanische Gewürzmischung)

1. Die Brühe in einem großen Topf zum Kochen bringen. Sojasauce, Mirin und Zucker einrühren. Die Hitze reduzieren und die Brühe warm halten.

2. Die Nudeln in reichlich Salzwasser nach Packungsanweisung garen, dann abgießen und kurz unter kaltem Wasser abschrecken. Gut abtropfen lassen.

3. Das Fleisch in mundgerechte Streifen schneiden. Das Öl in einer Pfanne erhitzen und das Fleisch darin portionsweise anbraten, bis es leicht gebräunt ist. Überschüssiges Fett abgießen.

4. Die gegarten Nudeln auf Schalen verteilen, Fleisch und Frühlingszwiebeln darauf anrichten. Jeweils einige Kellen heiße Brühe darübergeben, mit Shichimi tōgarashi bestreuen und servieren.

Die Nudeln werden stets direkt vor dem Servieren frisch gekocht. In jeder Küche brodelt dafür ständig mindestens ein großer Topf – das Wasser steht nie still, immer bereit für die nächste Portion. Für die perfekte Schüssel ist das richtige Timing entscheidend. Die Nudeln wandern erst ins kochende Wasser, wenn die Brühe fertig und die Schüssel vorbereitet ist. Nur so behalten sie ihre ideale Konsistenz – diesen feinen elastischen Biss, der so zufrieden macht.

KILAT★

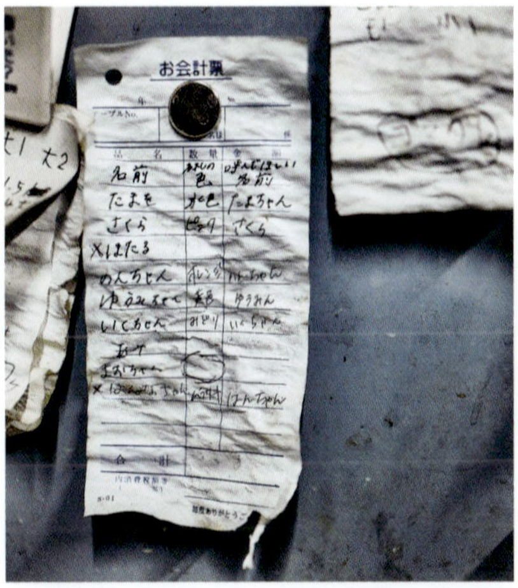

Es zischt, dampft, klappert, mehrere Hände bewegen sich gleichzeitig über dampfenden Töpfen, schneiden, schöpfen, servieren. Für Außenstehende mag das Küchentreiben zur Mittagszeit chaotisch wirken. Doch der Eindruck täuscht: Jeder Handgriff sitzt, jedes Werkzeug liegt exakt dort, wo es hingehört. Messer, Schöpfkellen und Sieb haben ihren festen Platz, die Abläufe sind perfekt aufeinander abgestimmt.

豆とカリカリのラーメンパスタ

JAPANISCHE PASTA

mit Knoblauchcrunch

Italienische Küche erlebt in Japan gerade einen großen Boom: Japanische Zutaten treffen auf mediterrane Kochkunst. Das Ergebnis sind spannende Geschmackskombis, die Spaß machen.

Für 4 Personen | 30 Min. Zubereitung

5 Knoblauchzehen 3 EL Öl zum Braten 1 EL Erdnüsse 600 g Ramennudeln 1 Stück Ingwer (ca. 3 cm)	300 g gemischtes Hackfleisch ½ TL schwarzer Pfeffer 2 EL Sojasauce (oder mehr nach Geschmack)	2 EL Mirin (Reiswein) 50 g Mizuna (japanischer Senfkohl, oder Rucola) 2 EL Butter Salz	Frühlingszwiebelringe zum Bestreuen

1. 4 Knoblauchzehen schälen und in dünne Scheiben schneiden. 3 EL Öl in einer Pfanne erhitzen, die Knoblauchscheiben dazugeben und bei mittlerer Hitze knusprig braten – das kann 5–8 Min. dauern. Die Knoblauchchips herausnehmen und auf Küchenpapier abtropfen lassen. Das Öl aufbewahren.

2. Den gebratenen Knoblauch mit den Erdnüssen fein hacken.

3. Die Nudeln nach Packungsanweisung garen, dann abgießen – dabei 100 ml Nudelwasser aufbewahren – und abschrecken. Mit 1 EL Knoblauchöl vermengen.

4. Die restliche Knoblauchzehe und den Ingwer schälen und fein hacken. Die restlichen 2 EL Knoblauchöl in einer Pfanne erhitzen. Das Hackfleisch dazugeben und krümelig braten, dann überschüssiges Fett mit einem Löffel abnehmen. Die Hitze reduzieren, Ingwer, Knoblauch und Pfeffer dazugeben und kurz mitbraten. Dann alles mit Sojasauce und Mirin ablöschen und 1–2 Min. köcheln lassen.

5. Den Mizuna waschen und trocken schleudern. Mizuna in die Pfanne geben und kurz mitbraten, bis er zusammenfällt. Dann die gekochten Nudeln sowie das Nudelkochwasser in die Pfanne geben und alles gut mischen. Die Butter einrühren und alles mit Salz abschmecken.

6. Die Pasta in Schalen geben, mit dem Knoblauchcrunch und den Frühlingszwiebelringen bestreuen und servieren.

Viele Läden bieten mittags auch Lunch-Sets an, mit halben Portionen und Beilagen wie *gyōza*. Die halbmondförmigen Teigtaschen sind der perfekte Kontrast zur Brühe – außen knusprig gebraten, innen saftig gefüllt mit viel Schweinefleisch oder Kohl und reichlich Knoblauch. Serviert werden *gyōza* meist mit einer Sauce aus Sojasauce, Reisessig und Chiliöl, die perfekt zu ihrer würzigen Füllung passt.

餃子の街へ！
健太餃子
1F 宇都宮餃子館 中央店
薄毛
発毛
東京AGAクリニック
0120-973-966
宇都宮餃子館 駅前中央店 1F
徒歩8分
700円～
女子供利用可
ビル
YOGA
2F
宇都宮餃子館
オールグリーン
駅前通り3丁目
地震！
日ごろから
家族で話す
避難場所
栃木県庁
小山
Oyama
真岡
Moka

Gefüllte Teigtaschen sind in Japan allgegenwärtig – ob als Beilage zur dampfenden Schüssel *rāmen*, als Snack zum After-Work-Bier in der *izakaya* oder aus dem Tiefkühler zu Hause, begleitet vom typischen Dip aus Sojasauce und Reisessig. Zubereitet werden sie in speziellen Öfen, die zuerst dämpfen, dann braten.

野菜餃子

TEIGTASCHEN

mit Gemüsefüllung

In vielen izakaya *findet man solche* gyōza *auf kleinen Tellern. Hier stehen sie, neben Biergläsern und dampfenden Schüsseln – perfekt, um beim Plaudern zwischendurch reinzubeißen.*

Für 4 Personen | 50 Min. Zubereitung

16 TK-Gyoza-Teigblätter
1 Knoblauchzehe
1 Stück Ingwer (ca. 2 cm)
4 Frühlingszwiebeln

100 g gemischte Pilze (z. B. Shiitake, Kräuterseitlinge und Champignons)
100 g Spitzkohl

1 EL Sesamöl
1 EL Reisessig
20 ml Sojasauce
Salz
weißer Pfeffer

AUSSERDEM:
Gyozasauce zum Servieren (siehe Grundrezept)

1. Teigblätter ca. 30 Min. antauen lassen, bis sie sich gut voneinander lösen. Inzwischen Knoblauch und Ingwer schälen und fein reiben. Frühlingszwiebeln waschen, putzen und fein hacken. Die Pilze putzen und fein würfeln. Den Kohl putzen, fein hobeln und hacken.

2. Das Sesamöl in einer Pfanne erhitzen. Erst Knoblauch, Ingwer und Frühlingszwiebeln bei mittlerer Hitze anschwitzen, dann die Hitze erhöhen und Pilze und Kohl scharf anbraten. Das Gemüse mit Essig und Sojasauce ablöschen, mit Salz und Pfeffer würzen und abkühlen lassen.

3. Ein Teigblatt auf die Arbeitsfläche legen und ca. 1 EL Gemüsemasse mittig darauf platzieren. Den Rand mit ein wenig Wasser bestreichen. Jedes Teigblatt in der Mitte über der Füllung zusammendrücken, dann von dort aus nach außen hin vollständig verschließen, dabei die vordere Blattseite in Falten legen. Unbedingt darauf achten, dass die Täschchen gut verschlossen sind!

4. Öl in einer Pfanne, zu der es einen passenden Deckel gibt, erhitzen. Die Gyoza mit dem Boden zuerst in die Pfanne legen. 80 ml Wasser dazugeben, den Deckel auflegen und die Gyoza bei mittlerer Hitze 4–5 Min. dämpfen. Den Deckel abnehmen und die Gyoza noch kurz braten.

5. Mit Gyozasauce servieren.

定番
大谷餃子 6個 490円
(焼・水・揚) 12個 980円
Oya Gyoza (Grilled・Fried・Surp)
しそ餃子 6個 620円
(焼・水・揚) 12個 1240円
Perilla Gyoza (Grilled・Fried・Surp)
にんにく餃子 6個 620円
(焼・水・揚) 12個 1240円
Fukuchi Garlic Gyoza (Grilled・Fried・Surp)
世界三大豚・イベリコ豚使用
放牧で育つイベリコ豚が自由に歩き回る森にはドングリの木が多く立ち並び、季節に落ちたドングリを主食として食べ、運動量が非常に高いイベリコ豚は引き締まった肉質を付け、天然の飼料から育ったこの黒豚は他に類を見ない甘味と香りと重厚な口当たりお楽しみ頂けるのです。
イベリコ豚
イベリコ餃子 6個 880円
(焼・水・揚) 12個 1760円
Iberico Gyoza (Grilled・Fried・Surp)
みんなで楽しいタッカルビ！
こちらの商品は鉄板でコンロセットと一緒にお持ちします。
ふんだんに使ったチーズとねぎと味噌だれとチーズの相性がたまらない
またビール、ハイボール、レモンサワーなどの炭酸にも相性抜群！！
当店の看板人気メニューです、この機会にご堪能あれ！
当店一押
餃子チーズタッカルビ 1人前 1500円
1人前8個 (2人前16個) 2人前～
Gyoza cheese dak galb
麺
餃子店の拉麺
店内でガラから炊いている本格派拉麺です！
店内で何時間もかけて仕込んだ清湯スープに探求して行きついた企業秘密の醤油かえしと塩かえし。どちらもあっさりしていて深みのある当店自慢絶品拉麺です。
醤油
中華そば 960円
Shoyu Ramen
塩
塩そば 960円
Salt Ramen
きゅうりは脂肪の代謝を促進する効果があるため、体内に溜まった脂肪を分解！餃子と相性ぴったり★是非テーブルに一皿！！
山盛りきゅうりの漬物
500円
みんな大好き鶏のから揚げ当店は小ぶりで食べやすい大きさでカットしています。餃子店が作った唐揚げを是非召し上がってみてください！
鶏の唐揚げ
780円
辛さを まで選べます。
山椒の効いた本格麻婆です。
1. ピリ辛 2. 結構辛い
3. 激辛です、注意！！
石焼麻婆豆腐
880円
サイドの
名物

三角庵
純手打
うどん
三角庵
味自慢
黄金みそ煮込鍋み
OPEN

豚肉餃子

TEIGTASCHEN

mit Schweinefleisch

gyōza sind so vielseitig wie kaum ein anderes Gericht: Sie passen genauso gut als herzhafte Beilage zu einer dampfenden Schüssel rāmen *wie solo zum Bier.*

Für 4 Personen | 50 Min. Zubereitung | 1 Std. Warten

2 Knoblauchzehen 1 Stück Ingwer (ca. 2 cm) Schnittknoblauch	320 g Schweinehackfleisch mit viel Fett 20 ml Sojasauce	¼ TL Salz weißer Pfeffer 16 TK-Gyoza-Teigblätter	2 Frühlingszwiebeln Gyozasauce zum Servieren (siehe Grundrezept)

1. Knoblauch und Ingwer schälen und fein reiben. Schnittknoblauch waschen, trocken schütteln und fein hacken. Das Hackfleisch mit Knoblauch, Ingwer, Schnittknoblauch und Sojasauce vermengen, kräftig mit Salz und Pfeffer würzen. Das Fleisch ca. 1 Std. durchziehen lassen.

2. Teigblätter ca. 30 Min. antauen lassen, bis sie sich gut voneinander lösen. Frühlingszwiebeln waschen, putzen und in feine Ringe schneiden.

3. Ein Teigblatt auf die Arbeitsfläche legen und ca. 1 EL Fleischmasse mittig darauf platzieren. Den Rand mit ein wenig Wasser bestreichen. Jedes Teigblatt in der Mitte über der Füllung zusammendrücken, dann von dort aus nach außen hin vollständig verschließen, dabei die vordere Blattseite in Falten legen. Unbedingt darauf achten, dass die Täschchen gut verschlossen sind!

4. Öl in einer Pfanne, zu der es einen passenden Deckel gibt, erhitzen. Die Gyoza mit dem Boden zuerst in die Pfanne legen. 80 ml Wasser dazugeben, den Deckel auflegen und die Gyoza bei mittlerer Hitze 4–5 Min. dämpfen. Den Deckel abnehmen und mit einem Fleischthermometer die Kerntemperatur der Gyoza kontrollieren, sie sollte mind. 70° betragen – ggf. die Gyoza noch kurz weiterbraten.

5. Dann die Gyoza mit Sauce und Frühlingszwiebeln servieren.

KIKKOMAN
NATÜRLICH GEBRAUTE

新立

Gehen in Japans Büros die Lichter langsam aus, beginnt der zweite Teil des Arbeitstags. Dann führt der Weg nicht selten direkt in die *izakaya*. Diese besondere Mischung aus Kneipe und Restaurant ist wichtiger Teil der Feierabendkultur – hier wird gequatscht, gelacht und vor allem getrunken.

ABE
NDS

Ursprünglich waren die *izakaya* einfache Trinkstuben, in denen man neben Sake auch kleine Speisen servierte. Der Begriff setzt sich aus den Schriftzeichen für »sitzen« (居), »Alkohol« (酒) und »Geschäft/ Laden« (屋) zusammen, er meint also einen »Ort zum Trinken und Verweilen«. Die Stimmung hier ist fröhlich-familiär: Kleine Teller voller köstlicher Häppchen wandern über den Tisch, es gibt gebratenes Huhn, würzige Edamame, knusprige Tempura oder knackigen Gurkensalat mit Sesamöl. Bestellt werden mehrere kleine Gerichte, die man sich teilt.

梅丸
岩崎矯正
駅南銀座

Fester Bestandteil des Arbeitsalltags ist ein besonderes Ritual, das *nomikai* (飲み会): Diese Trinkpartys nach Feierabend finden oft in *izakaya* statt und dienen dem sozialen Austausch in Unternehmen. An solchen Abenden fließt reichlich Alkohol, man prostet sich zu, teilt kleine Gerichte und lacht laut. Wer nicht mitmacht, muss das höflich begründen – entziehen kann man sich nur schwer.

今夜、
SUNTORY WHISKY

Im dicht getakteten Alltag bleibt oft wenig Zeit zum Kochen, besonders in den großen Städten. Lange Arbeitszeiten, volle Züge, enge Wohnungen mit winzigen Küchen – all das trägt dazu bei, dass viele Berufstätige ihr Abendessen in Restaurants auslagern. Obendrein ist es einfach netter, nach einem langen Tag nicht allein vor dem Herd zu stehen, sondern den Tag in größerer Runde ausklingen zu lassen.

発泡
麦芽発酵飲料
ホッピー

Einige *izakaya* haben sich auf japanisches Bier spezialisiert. Oft dominieren die großen Marken wie Asahi, Kirin oder Sapporo den Tresen. Ihre hellen, süffigen Lagerbiere passen perfekt zu den deftigen Speisen der *izakaya*. Neben Bier und Sake haben sich in den letzten Jahren außerdem Highballs fest auf den Getränkekarten japanischer *izakaya* etabliert – und das nicht ohne Grund: Longdrinks aus japanischem Whisky und sprudelndem Sodawasser, serviert auf Eis in einem hohen Glas, sind ideale Begleiter zu den deftigen Speisen.

全力応援系
ドリンク
3つの植物エキス配合
生姜
高麗人参
山椒
バリキング

やきとり

Ob zu Hause, in traditionellen Restaurants, Tempeln, manchmal sogar in Arztpraxen – in Japan bleiben die Schuhe an der Tür. Man legt großen Wert auf Sauberkeit, außerdem ist das Ausziehen der Schuhe ein traditionelles Zeichen von Respekt gegenüber den Gastgebern und den Räumlichkeiten. Stattdessen schlüpft man in bereitgestellte Schlappen oder bewegt sich in Socken über die weichen Tatami-Matten.

天玉丼
親子丼
天丼
ソース えびカツ丼
あかもく

愛あいざる
黄金餅
黄金鍋
うどん
アカモクうどん
セントレアの恵み
アカモクうどん
新とこなめ飯
¥550-
えびカツ丼
サービス品
食べごたえアリ!!
メガカツ丼
ただし、お残しは許しません!!
¥980

ポテトサラダ

KARTOFFELSALAT

mit Mayonnaise

Kartoffelsalat mit Mayonnaise in der izakaya*? Das mag für Reisende erst mal überraschend klingen zwischen all den gegrillten Spießen und scharfen Suppen. Aber die cremigen Kartoffelstücke sind die perfekte Beilage zu allem Herzhaften.*

Für 4 Personen | 40 Min. Zubereitung

- 600 g mehligkochende Kartoffeln
- 2 Mini-Salatgurken
- Salz
- 2 Eier (M)
- 1 Möhre
- 50 g Schinkenwurst
- 100 g Mayonnaise (siehe Grundrezept)
- 1 EL Reisessig
- 1 EL heller Sesam
- 1 TL grober Senf
- Frühlingszwiebelringe zum Bestreuen

1. Die Kartoffeln in einen Topf geben, mit Wasser bedecken und in ca. 25 Min. weich garen. Anschließend abgießen, kurz ausdampfen lassen, schälen und mit einer Gabel grob zerdrücken.

2. Während die Kartoffeln kochen, die Gurken waschen, putzen, halbieren und in Scheiben schneiden. Die Scheiben in eine Schüssel geben, etwas salzen und ca. 15 Min. ziehen lassen. Austretendes Wasser abgießen.

3. Die Eier anpieksen und in reichlich Wasser in ca. 8 Min. hart kochen. Anschließend abschrecken, vollständig abkühlen lassen und pellen, dann grob hacken.

4. Die Möhre putzen, schälen und raspeln. Die Wurst in feine Streifen schneiden.

5. Die Mayonnaise mit Reisessig und Sesam verrühren, etwas salzen. Ein Viertel der Mayonnaisemischung abnehmen und mit dem Senf verrühren. Alle anderen Zutaten in eine Schüssel geben und vorsichtig miteinander vermengen.

6. Den Kartoffelsalat mit der Senf-Mayonnaise und den Frühlingszwiebeln garniert servieren.

TIPP

Möhre und Schinkenwurst sind von der Menge her variabel. Auch Maiskörner sind beliebte Zutaten. Dieser Salat eignet sich auch perfekt für die Bentobox.

大成堂
押ボタン式信号
HOTEL NEW ITAYA

izakaya findet man wirklich überall in Japan – in den Gassen Tokios genauso wie in ruhigen Dörfern auf dem Land. Sie sind das genaue Gegenteil zu den schicken, hochpreisigen Restaurants mit ihren festen Menüs. Stattdessen herrscht hier Wohnzimmer-Atmosphäre – es sei denn, man landet in einer Filiale der großen Ketten.

蛇腹キュウリ、枝豆

EDAMAME

mit marinierter Gurke

Frisch und knackig, einfach und ehrlich – diese unkomplizierte Gemüsebeilage passt perfekt zu herzhaften Häppchen und kühlen Getränken.

Für 4 Personen | 20 Min. Zubereitung

4 Mini-Salatgurken
Salz

1 Stück Ingwer (ca. 1 cm)
1 Knoblauchzehe

2 EL Sojasauce
1 EL Reisessig
1 EL Chiliöl

200 g TK-Edamame mit Schale

1. Die Gurken waschen, putzen und schräg in grobe Scheiben schneiden. Die Scheiben gut salzen und ca. 15 Min. ziehen lassen. Austretendes Wasser abgießen.

2. Ingwer schälen und fein reiben, Knoblauch schälen und fein hacken. Beides mit Sojasauce, Reisessig und Chiliöl vermischen. Die Gurkenstücke auf einem Teller anrichten und die Marinade großzügig darüberträufeln.

3. 1 l Wasser mit 1 TL Salz zum Kochen bringen. Die gefrorenen ganzen Edamame im Wasser ca. 3 Min. kochen. Die Bohnen dann in ein Sieb abgießen, gut salzen und zum Servieren einer Schüssel anrichten.

寿司

IZAKAYA-SUSHI

mit Lachs und Thunfisch

Eigentlich gehört Sushi in Japan in die Hände von Profis – und in die dafür vorgesehenen Lokale. Trotzdem kann es auch in der izakaya *passieren, dass ein Teller mit einfachen Sushi-Formen auftaucht. Selbstverständlich in der alltagstauglichen Variante, unkompliziert, lecker und perfekt zum Feierabendbier.*

Für 4 Personen | 30 Min. Zubereitung

- 200 g japanischer Rundkornreis (Sushi-Reis)
- ¼ TL Salz
- ¼ TL Zucker
- ½ TL Reisessig
- 120 g Lachsfilet in Sushi-Qualität
- 120 g Thunfischfilet in Sushi-Qualität
- Wasabi und Sojasauce zum Servieren

1. Den Reis in einem Sieb unter kaltem Wasser gründlich waschen, bis das Wasser klar wird. Dann abtropfen lassen und mit 250 ml Wasser in einen Topf geben. Einmal aufkochen und bei mittlerer Hitze ca. 15 Min. köcheln lassen, bis der Reis das gesamte Wasser aufgenommen hat. Anschließend gut abkühlen lassen und mit Salz, Zucker und Reisessig vorsichtig vermengen.

2. Den Fisch in dünne Scheiben schneiden. Den Reis mit den Händen zu länglichen Stücken formen, jeweils ein Stück Fisch darauflegen und leicht andrücken. Die Sushi-Stücke mit Wasabi und Sojasauce anrichten und sofort servieren.

FRISCH UND PUR

sashimi hat in Japan eine lange Tradition, denn auf dem Inselstaat mit reicher Fischereikultur waren Fisch und Meeresfrüchte seit jeher leicht verfügbar. Vor allem in den Küstenregionen landete der Fang dann direkt vom Netz auf dem Teller – roh, frisch und pur. Schon in der Edo-Zeit, also im 17. und 18. Jahrhundert, entwickelte sich daraus eine kulinarische Kunstform: Das Filetieren des Fisches wurde perfektioniert, das Anrichten bis ins Detail entwickelt. Die Einführung von Eis und später moderner Kühltechniken sorgte dafür, dass roher Fisch langfristig einen festen Platz auf den japanischen Tellern hatte. Heute ist *sashimi* fester Bestandteil der Esskultur, in feinen Menüs genauso wie in kleinen Supermarkt-*bentō* oder auf dem *izakaya*-Tisch.

Um die Ausbildung zum *sashimi*-Koch ranken sich in Japan zahlreiche Mythen. So soll ein wahrer *itamae* Reisbällchen formen können, bei denen alle Reiskörner in dieselbe Richtung zeigen. Ob das nun wörtlich stimmt oder nicht – der Anspruch dahinter ist klar: Wahres Können zeigt sich im Detail. Es verwundert also nicht, dass es zwischen 5 und 10 Jahren dauern kann, bis man als vollwertiger *itamae* anerkannt wird.

In vielen japanischen Restaurants ist es keine Seltenheit, dass der Fisch vor der Zubereitung noch lebendig im Wasserbecken herumschwimmt. Für Reisende mag das ungewohnt sein, gehört aber in Japan beinahe zum guten Ton dazu: Frische ist nicht nur ein Qualitätsversprechen, sondern ein Erlebnis. Wer sein Abendessen vorher noch mit eigenen Augen gesehen hat, weiß ganz genau, was später auf dem Teller liegt.

の福を招く!
福寿
とらふぐなおせち

ROHER GENUSS

Nicht nur Fisch landet roh auf dem Teller, auf japanischen Speisekarten findet man – je nach Region – auch *sashimi*, das überraschen kann: *basashi* ist rohes Pferdefleisch, das beispielsweise in der Region Tōhoku hauchdünn aufgeschnitten mit Ingwer, Knoblauch und Sojasauce serviert wird. In Kyūshū, der südlichsten Hauptinsel Japans, ist außerdem *torisashi* weitverbreitet: dünn geschnittenes, rohes Hähnchenfleisch, das man mit Sojasauce, Ingwer und manchmal Wasabi isst.

Allgemein gibt es in Japan viele Gerichte mit rohen Zutaten. Während in vielen westlichen Küchen stark gewürzt, verfeinert und kreativ kombiniert wird, steht in Japan das pure Produkt für sich. Es soll sich in seinem besten, natürlichstem Zustand zeigen, der Geschmack soll unverfälscht und klar bleiben. Deshalb ist *sashimi* für viele der Inbegriff der kulinarischen Perfektion: Frischer Fisch oder Fleisch, roh serviert, in präzise geschnittenen Scheiben – mehr braucht es einfach nicht.

マグロの刺身

THUNFISCH-SASHIMI

Kein Schnickschnack, dafür feinste Aromen, die auf der Zunge zergehen: sashimi, *also roher Fisch, ist nicht unbedingt typisch für die* izakaya*-Küche. Trotzdem begegnet es einem immer wieder und es passt hervorragend zu den oft kräftigen, herzhaften Gerichten.*

Für 4 Personen | 20 Min. Zubereitung

200 g Thunfischfilet in Sushi-Qualität	2 Knoblauchzehen 50 ml Sojasauce	100 g japanische Pickles (siehe Grundrezept)

1. Das Thunfischfilet waschen und gut trocken tupfen. Das Filet in 5–10 mm dicke Scheiben schneiden und nebeneinander in eine flache Form geben. Abgedeckt in den Kühlschrank stellen.

2. Den Knoblauch schälen und fein reiben. Die Sojasauce in Schälchen füllen.

3. Zum Servieren den Thunfisch aus dem Kühlschrank nehmen. Knoblauch und Pickles dazu anrichten und mit der Sojasauce servieren.

TIPP

Für Sashimi in Deutschland sind das Wichtigste: Frische und Qualität – im Idealfall Fisch in Sushi-Qualität, der speziell für den rohen Verzehr freigegeben ist. Gut verfügbar sind in der Regel Lachs, Thunfisch oder Jakobsmuscheln.

sashimi (刺身) ist nicht einfach nur roher Fisch – es ist Handwerk auf höchstem Niveau. Schließlich entscheidet der Schnitt über Textur und Mundgefühl. Ein fettreiches Stück Thunfisch wird ganz anders geschnitten als ein zarter Weißfisch oder Tintenfisch: quer zur Faser oder leicht schräg, hauchdünn oder in handlichen Stücken? Hinter *sashimi* steckt nicht nur Präzision, sondern jahrelange Übung.

Schärfe zeigt sich in Japan meist dezent und doch intensiv. Ein bekanntes Beispiel ist Wasabi, die grüne Wurzel, das fein gerieben zu Sushi oder *sashimi* gereicht wird. Echtes Wasabi wächst rund um Bergbäche und ist eine kostbare Delikatesse. Seine Schärfe steigt schnell in die Nase, hinterlässt aber keinen brennenden Nachgeschmack – kein Vergleich zu der bei uns oft verwendeten grünen Paste aus Meerrettich und Farbstoff, die nicht viel mit Wasabi zu tun hat. In vielen japanischen Restaurants wird echtes Wasabi frisch gerieben.

焼そば

GEBRATENE NUDELN

Knusprig gebratene Nudeln, herzhafte Sauce, knackiges Gemüse – yakisoba gehört zu den Klassikern der izakaya-Küche. Ob als Beilage zum Bier oder als kleiner Hauptgang zwischendurch, diese Nudeln machen satt und zufrieden!

Für 4 Personen | 20 Min. Zubereitung

- 600 g Ramennudeln
- 50 g Worcestersauce
- 15 g Austernsauce
- 1 EL Ketchup
- 10 g Sojasauce
- 10 g Zucker
- 1 Möhre
- ¼ Spitzkohl
- 2 Frühlingszwiebeln
- 50 g Sojasprossen
- Öl zum Braten

1. Die Nudeln nach Packungsanweisung garen. Anschließend abgießen und gut abtropfen lassen.

2. Während die Nudeln kochen, Worcestersauce, Austernsauce, Ketchup, Sojasauce und Zucker in einer kleinen Schüssel zu einer homogenen Sauce verrühren. Die Möhre und den Spitzkohl waschen, putzen und in feine Streifen schneiden. Die Frühlingszwiebeln waschen, putzen und in breite Ringe schneiden. Die Sojasprossen waschen und gut abtropfen lassen.

3. Etwas Öl in einer Pfanne erhitzen. Das Gemüse dazugeben und unter Rühren bei mittlerer Hitze anbraten. Nach ca. 3 Min. die Nudeln dazugeben und ebenfalls kurz mitbraten. Dann die Sauce über die Nudeln geben, die Sprossen dazugeben und alles einmal durchschwenken.

4. Die fertigen Nudeln auf Teller verteilen und nach Belieben zu gebratenem Fleisch servieren.

ALL-PURPOSE
SEASONING
KIKKOMAN
NATÜRLICH GEBRAUTE
Sojasauce
500 ml

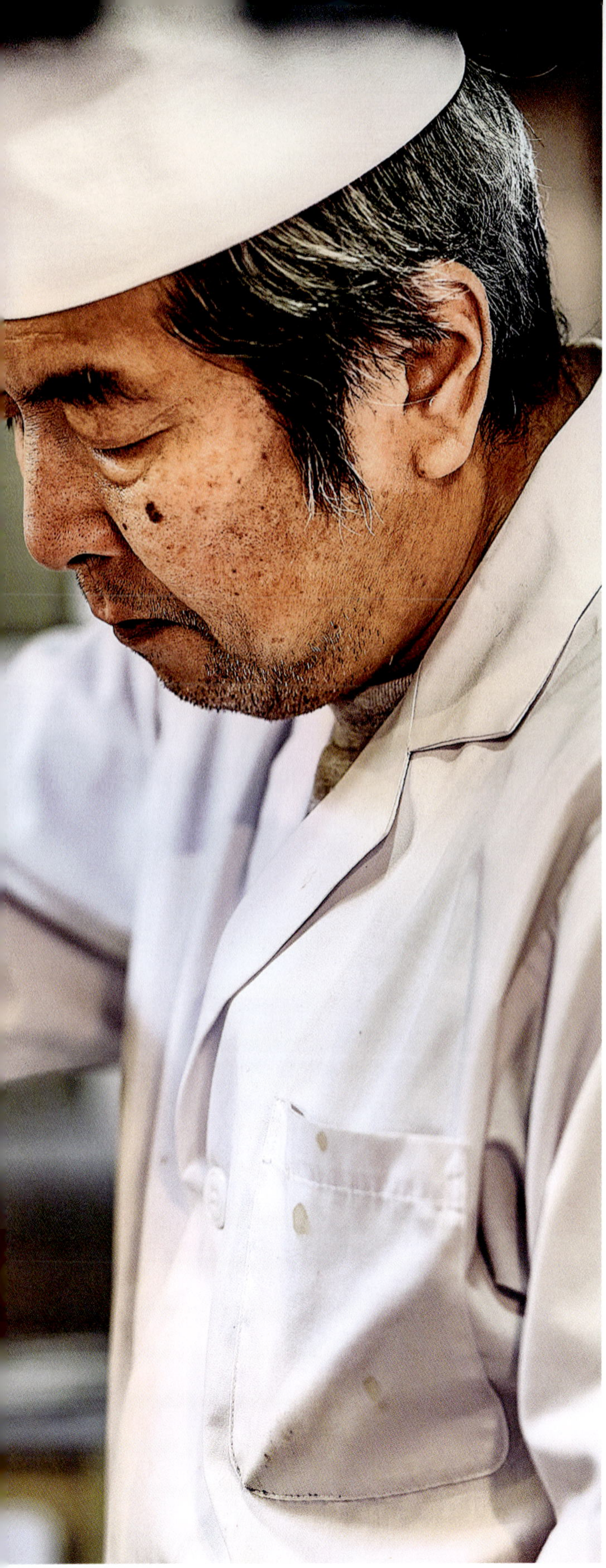

soba (蕎麦), diese feinen Buchweizennudeln, sind in Japan ein echter Klassiker. Beliebt sind sie besonders im Sommer, wenn man sie kalt genießt. Was viele nicht wissen: In traditionellen Restaurants werden die Nudeln oft direkt vor Ort und tagesfrisch hergestellt. Das Teigkneten und Ausrollen ist eine Kunst für sich, bei der echte Fans den kleinsten Unterschied herausschmecken können.

Während es draußen auf den Straßen langsam ruhiger wird, bleibt die Stimmung in der *izakaya* lebendig. Viele Restaurants öffnen erst gegen Abend und halten ihre Küchen lange heiß. Teilweise schwingen die Köche bis nach Mitternacht ihre Löffel und servieren zu Sake und Bier kleine Köstlichkeiten.

有精卵
ゆで玉子+しお こんぶ
180円

焼きブロッコリ

GEGRILLTER BROKKOLI

Die kleinen Spießchen sind perfektes izakaya*-Food: handlich, herzhaft und schnell verspeist. So kann man sich in der Gruppe durch verschiedene Varianten probieren – sharing ist caring.*

Für 4 Personen | 20 Min. Zubereitung

- 200 g wilder Brokkoli
- 50 g Yakitorisauce (Fertigprodukt)
- Yakitorispieße aus Metall
- Sesam zum Garnieren (nach Belieben)

1. Den Brokkoli waschen und putzen. Dann in kochendem Wasser 20–30 Sek. blanchieren, anschließend in Eiswasser abschrecken. Der Länge nach auf die Metallspieße stecken.

2. Den Holzkohlegrill anheizen. Die Spieße auf den Grill legen und mit der Sauce bepinseln. Insgesamt 4–5 Min. grillen, bis der Brokkoli schön gebräunt ist, dabei die Spieße immer wieder wenden und Sauce darüberträufeln. Vor dem Servieren nach Belieben mit Sesam bestreuen.

ALL·PURPOSE
KIKKOMAN
Sojasauce

専門店

社
ボイン
豚バラ
キムチ
2階も席
ございます。
たばこ
吸えます。

izakaya sind ein Ort der Gemeinschaft und es ist durchaus üblich, das Essen mit den Tischnachbarn zu teilen – auch wenn diese vorher unbekannt waren. »Was esst ihr da, wie schmeckt das denn?« Gerade Reisende kommen in dieser geselligen Atmosphäre schnell mit Einheimischen ins Gespräch.

鶏レバー焼き

HÜHNERLEBER

vom Grill

Ja, die izakaya-Küche ist vielfältig – von herzhaften Fleischspießen über knackiges Gemüse bis hin zu überraschenden Delikatessen wie dieser hier. Allen, die Abwechslung lieben, sei dieser Genuss ans Herz gelegt.

Für 4 Personen | 20 Min. Zubereitung

- 200 g Hühnerleber
- 50 g Yakitorisauce (Fertigprodukt)
- 8 Yakitorispieße aus Metall

1. Die Hühnerleber putzen, von Sehnen und Adern befreien und in mundgerechte Stücke schneiden. Auf die Metallspieße stecken.

2. Den Holzkohlegrill anheizen. Die Spieße auf den Grill legen und mit der Sauce bepinseln. Insgesamt 4–5 Min. grillen, dabei immer wieder wenden und Sauce darüberträufeln.

TIPP

Frische Hühnerherzen gibt es beim Metzger oder auf dem Wochenmarkt – am besten vorbestellen, da sie nicht immer vorrätig sind. Auch türkische Lebensmittelgeschäfte führen oft Innereien in guter Qualität. Die Herzen sollten sauber, glänzend und möglichst gleich groß sein – dann garen sie gleichmäßig und lassen sich gut aufspießen.

Cabrio
本日のお通し
鶏皮せんべい
枝豆
スモーク風味の
自家製ポテトサラダ

焼き鳥

HÄHNCHENSPIESSE

yakitori ***heißt wörtlich »gegrilltes Geflügel« – traditionell bestanden die Spieße also ausschließlich aus Hühnchenteilen. Mittlerweile wird aber jede andere Art Grillgut aufgespießt und gegrillt.***

Für 4 Personen | 20 Min. Zubereitung

350 g entbeinte Hähnchenkeule mit Haut	50 g Yakitorisauce (Fertigprodukt)	8 Yakitorispieße aus Metall

1. Das Fleisch von Sehnen befreien und in 24 möglichst gleich große Stücke schneiden. Die Stücke auf die Metallspieße stecken.

2. Den Holzkohlegrill anheizen. Die Spieße mit der Hautseite zuerst auf den Grill legen und mit der Sauce bepinseln. Insgesamt 4–5 Min. grillen, dabei immer wieder wenden und regelmäßig etwas Sauce darüberträufeln.

TIPP

Für eine homemade Yakitorisauce 100 ml japanische Sojasauce, 100 ml Mirin (Reiswein) und 50 ml Sake mit 2 EL Honig in einen Topf geben. 1 Knoblauchzehe und 1 kleines Stück frischen Ingwer (ca. 2 cm) schälen. Den Knoblauch andrücken, den Ingwer in Scheiben schneiden und beides mit in den Topf geben. Alles bei mittlerer Hitze erhitzen und 5–10 Min. köcheln lassen, bis die Sauce eine sirupartige Konsistenz bekommt. Knoblauch und Ingwer entfernen und die Sauce etwas abkühlen lassen – sie dickt beim Abkühlen weiter ein.

Jeff
BECK
102

焼肉

MARINIERTES RINDFLEISCH

für den Grill

yakiniku *(gegrilltes Rindfleisch) wird gerne auf dem* teppan *gegrillt. Die halbrunde, eiserne Grillplatte findet ihren Platz traditionell in der Mitte eines Tischs. Die Zubereitung ist immer ein wenig wie ein Showkochen.*

Für 4 Personen | 20 Min. Zubereitung | 4 Std. Marinieren

3 Knoblauchzehen 1 Stück Ingwer (ca. 2 cm)	400 g Rinderfilet (z. B. Entrecote oder Teppanyaki Cut)	100 ml Sojasauce 100 ml Mirin (Reiswein)	Frühlingszwiebelringe und Sesam zum Servieren

1. Knoblauch und Ingwer schälen und fein hacken. Das Rindfleisch in ½ cm dicke Scheiben schneiden. Die Sojasauce mit Mirin, Knoblauch und Ingwer verrühren, die Marinade über das Fleisch geben. Das Fleisch abdecken und für mind. 4 Std., besser über Nacht, in den Kühlschrank stellen.

2. Den Grill anheizen und das Fleisch kurz und scharf grillen. Mit Frühlingszwiebeln und Sesam anrichten und servieren.

TIPP

Der Teppanyaki Cut wird aus dem Übergang vom Nacken zum Rücken geschnitten. Hier ist das Fleisch wunderbar marmoriert und schmeckt intensiv. Dieser Cut kann in dünne Streifen geschnitten werden oder als Steak im Ganzen bleiben – ideal zum Kurzbraten.

¥390
¥630
TKG ガリバタ
(塩・醤油)
TKG
(ガリバタチーズ)
ぶっかけ丼
タンクッパ
¥550
¥560
最初の一品
キャベツ
キムチ
岡本さんのカク&テキ
もやし
高菜キムチ
のり
カワチャンジャ
タタキきゅうり
冷やしトマト
コムタンスープ
(赤・白・黒)
KAZU

CHAMPIONS
ORIX BUFFALOES
権大会 歴代優勝校
第100回全国高等学校野球選手権大
Meiden

Die Stimmung in einer *izakaya* ist ungezwungen, locker und irgendwie pulsierend. Oft dudelt Jazz oder entspannte Popmusik im Hintergrund, doch meist bestimmen ein lebhaftes Stimmengewirr, lautes Lachen und das Klirren der Gläser die Stimmung.

焼きイカ

TINTENFISCH

vom Grill

Der beliebte Straßensnack besteht aus ganzem oder in Scheiben geschnittenem Tintenfisch, auf dem Grill gegart. Er ist einfach zubereitet und das perfekte Fingerfood für die nächste Party.

Für 4 Personen | 20 Min. Zubereitung | 1 Std. Marinieren

1 Stück Ingwer (ca. 1 cm) 1 Knoblauchzehe 100 ml Sojasauce	20 ml Sesamöl 1 EL Honig 4 küchenfertige Tintenfische	AUSSERDEM: 4 Yakitorispieße aus Metall	Frühlingszwiebelringe zum Servieren

1. Den Ingwer und den Knoblauch schälen und fein reiben. Dann mit Sojasauce, Sesamöl und Honig vermischen.

2. Die Tintenfische ca. 1 Min. in kochendem Wasser blanchieren. In ein Sieb gießen und abtropfen lassen. Mit Küchenpapier trockentupfen. Dann in 2 cm große Stücke schneiden und mit der Marinade vermischen. Mindestens 1 Std. in den Kühlschrank stellen. Anschließend auf die Spieße stecken.

3. Den Grill anheizen. Die Spieße von jeder Seite 2–3 Min. grillen.

4. Die gegrillten Tintenfische auf Teller legen, die restliche Marinade darüberträufeln und alles mit Frühlingszwiebeln bestreuen.

Grillen gehört in der *izakaya* zum absoluten Standard: Über heißen Kohlen rösten meist kleine Spieße – *yakitori* (焼(き)鳥) – langsam vor sich hin. Hier zählt nicht nur der Geschmack, auch das Erlebnis ist einfach unverwechselbar: Das leise Zischen und der Duft von gegrilltem Fleisch sind wie eine kleine Show, die das Warten aufs Essen verkürzt.

ワンタンスープ

WANTAN

mit Hähnchenfüllung in Suppe

In der kalten Jahreszeit wärmt diese Suppe von innen. Die zarten Teigtaschen, gefüllt mit würzigem Fleisch oder Gemüse, schwimmen in einer klaren, herzhaften Brühe und sorgen so für einen echten Wohlfühlmoment.

Für 4 Personen | 30 Min. Zubereitung | 1 Std. Warten

- 1 Stück Ingwer (ca. 2 cm)
- 2 Knoblauchzehen
- Schnittknoblauch
- 320 g Hähnchenbrustfilet
- 20 ml Sojasauce
- 5 g weißer Pfeffer
- Salz
- 1 l würzige Hühnerbrühe (siehe Grundrezept)
- 6 EL Ramen-Suppenbasis nach Shoyu-Art
- 16 TK-Gyoza-Teigblätter
- Frühlingszwiebelringe zum Bestreuen

1. Den Ingwer und den Knoblauch schälen und fein reiben, den Schnittknoblauch waschen, trocken schütteln und ebenfalls fein schneiden. Das Fleisch sehr fein hacken, Ingwer, Knoblauch und Schnittknoblauch sowie Sojasauce, Pfeffer und Salz untermengen. Das Fleisch ca. 1 Std. in den Kühlschrank stellen.

2. Die Brühe in einen Topf geben und die Suppenbasis einrühren. Dann die Brühe erhitzen, aber nicht aufkochen.

3. Jeweils 1 Teigblatt auf die Arbeitsfläche legen und ca. 1 EL Fleischmasse mittig darauf platzieren. Den Rand mit ein wenig Wasser bestreichen und jeweils zwei Seiten aufeinanderlegen. Dabei darauf achten, dass die Taschen gut verschlossen sind und keine großen Luftblasen im Teig bleiben.

4. Wenn alle Wantan gefaltet sind, reichlich Salzwasser zum Kochen bringen und die Wantan darin 3–4 Min. garen. Mit einer Schaumkelle herausnehmen und mit einigen Kellen Ramenbrühe in Suppenschalen geben. Mit den Frühlingszwiebeln bestreut servieren.

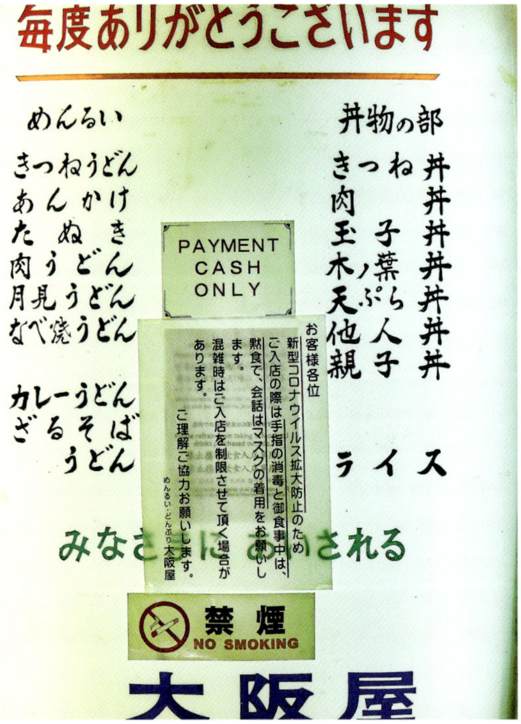
毎度ありがとうございます
めんるい
きつねうどん
あんかけ
たぬき
肉うどん
月見うどん
なべ焼うどん
カレーうどん
ざるそば
うどん
丼物の部
きつね丼
肉丼
玉子丼
木ノ葉丼
天ぷら丼
他人丼
親子丼
ライス
PAYMENT CASH ONLY
お客様各位
新型コロナウイルス拡大防止のため
ご入店の際は手指の消毒と御食事中は、黙食で、会話はマスクの着用をお願いします。
混雑時はご入店を制限させて頂く場合があります。
ご理解ご協力お願いします。
めんるい・どんぶり 大阪屋
禁煙
NO SMOKING
大阪屋

Spannend wird es, wenn Gäste direkt am Tisch selbst grillen dürfen. Kleine Kohle- oder Gasgrills erlauben es, Fleisch, Gemüse oder Meeresfrüchte ganz nach eigenem Geschmack zuzubereiten. Die lockere Stimmung, der lebhafte Austausch über Garpunkte und Lieblingsmarinaden – genau das macht eine *izakaya* aus.

厚揚げ

FRITTIERTER TOFU

mit Frühlingszwiebeln

atsu-age *ist ein echter Klassiker der izakaya-Küche. Außen knusprig, innen zart und weich, wird der Tofu zum Beispiel mit einer würzigen Dashi-Brühe serviert und mit frischen Frühlingszwiebeln verfeinert.*

Für 4 Personen | 20 Min. Warten | 20 Min. Zubereitung

400 g Naturtofu
50 g Stärke
50 g Mehl
1 l Öl zum Frittieren
200 ml Dashi (japanische Brühe)
20 ml Sojasauce
20 ml Mirin (Reiswein)
Frühlingszwiebelringe zum Bestreuen
Katsuobushi (Bonitoflocken) zum Servieren

1. Den Tofu in mehrere Lagen Küchenpapier wickeln, in ein Sieb geben und einen kleinen Teller darauflegen. Den Teller z. B. mit einem Buch oder einem anderen Gegenstand beschweren. Den Tofu 15–20 Min. abtropfen lassen.

2. Stärke und Mehl in einer Schüssel mischen. Den Tofu in große Stücke schneiden, in der Mehlmischung wenden. Das Frittieröl in einem hohen Topf erhitzen. Es ist heiß genug, wenn an einem hineingehaltenen Holzlöffel sofort Bläschen aufsteigen. Jetzt den Tofu portionsweise in das heiße Öl geben und in ca. 3 Min. goldbraun frittieren, dabei gelegentlich wenden. Herausnehmen und auf Küchenpapier legen.

3. Die Dashi-Brühe mit Sojasauce und Mirin kurz aufkochen. Den Tofu in Schalen anrichten, ein paar Löffel Dashi-Brühe darübergeben und mit den Frühlingszwiebeln und Katsuobushi garnieren. Wer mag, gibt noch etwas geriebenen Rettich dazu.

たこ焼き

OKTOPUSBÄLLCHEN

takoyaki ***ist echtes japanisches Streetfood. Zwar bekommt man die frittierten Bällchen auch hin und wieder im Restaurant, aber am besten schmecken sie noch heiß vom Straßenrand. Für die Zubereitung braucht man eine spezielle Pfanne mit Mulden.***

Für 4 Personen | 25 Min. Zubereitung

150 g Mehl (am besten Takoyakimehl)
400 ml Dashi (japanische Brühe)
2 Eier (M)
½ TL Backpulver
2 Frühlingszwiebeln
200 g gegarter Oktopus
10 g Katsuobushi (Bonitoflocken) + mehr zum Servieren
Öl zum Backen
200 ml Takoyakisauce (Fertigprodukt)
Aonori (grüne Algenflocken) zum Servieren

1. Mehl, Dashi, Eier und Backpulver zu einem glatten Teig verrühren, diesen bis zur Weiterverwendung beiseitestellen.

2. Inzwischen die Frühlingszwiebeln waschen und putzen, dann mit Oktopus und Katsuobushi fein hacken. Die Takoyakipfanne gut vorheizen und mit Öl bepinseln. Etwas Teig in die Mulden geben, etwas Füllung darauf geben und alles ein paar Minuten backen.

3. Sobald sich der Teig von der Pfanne lösen lässt, die Bällchen um 90° drehen, kurz weiterbacken, dann noch einmal drehen. Die Bällchen auf diese Weise von allen Seiten gleichmäßig goldbraun backen.

4. Die fertigen Bällchen mit Takoyakisauce bestreichen, dann sofort mit Katsuobushi und Aonori bestreut servieren.

TIPP

Die gusseiserne Takoyakipfanne gibt den Bällchen mit ihren halbkugelförmigen Mulden die typische Form. Nicht ganz so authentisch wird das Ganze mit einem Mini-Muffinblech. Die Kugeln werden dabei nicht gedreht, also bleibt die Form etwas flacher – aber geschmacklich kommt es nah an das Original heran.

ツナコロッケ

THUNFISCH-KROKETTEN

Die perfekte Begleitung zu Bier und Sake? Diese frittierten Häppchen sind knusprig, herzhaft und unwiderstehlich – genau richtig für den kleinen Feierabendhunger.

Für 4 Personen | 20 Std. Zubereitung | 55 Min. Warten

300 g japanischer Rundkornreis (Sushi-Reis)
1 EL Reisessig
½ TL Zucker
¼ TL Salz
1 Dose Thunfisch (130 g Abtropfgewicht)
1 Ei (M)
2 EL Speisestärke
100 g Panko (japanisches Paniermehl)
1 l Öl zum Frittieren
Tonkatsusauce zum Servieren (siehe Grundrezept)

1. Den Reis in einem Sieb gründlich unter kaltem Wasser waschen, bis das Wasser klar ist. Dann mit 400 ml Wasser in einen Topf geben und ca. 30 Min. quellen lassen. Anschließend bei mittlerer Hitze zum Kochen bringen, die Hitze reduzieren, einen Deckel auflegen und den Reis ca. 15 Min. köcheln lassen, bis er das Wasser vollständig aufgenommen hat. Den Herd ausschalten und den Reis weitere 10 Min. nachquellen lassen.

2. Reisessig, Zucker und Salz verrühren. Den gekochten Reis in eine Schale geben und die Essigmischung vorsichtig unterheben. Den Reis lauwarm abkühlen lassen. Inzwischen den Thunfisch in ein Sieb abgießen, mit einer Gabel zerzupfen und gut abtropfen lassen.

3. Dann die Hände leicht mit Wasser befeuchten. Jeweils ca. 3 EL Reis in eine Handfläche nehmen und die Portionen in der Hand flach drücken, mit etwas Thunfisch belegen und über der Füllung schließen. Den Reis vorsichtig zu festen, runden Bällchen formen.

4. Das Ei in einen tiefen Teller aufschlagen und verquirlen. Stärke und Panko jeweils in einen tiefen Teller füllen und eine Panierstraße vorbereiten. Jedes Reisbällchen zuerst leicht in Stärke wenden, dann durch das Ei ziehen und anschließend großzügig in Panko wenden. Gut andrücken, damit eine gleichmäßige Schicht entsteht.

5. Das Frittieröl in einem hohen Topf erhitzen. Es ist heiß genug, wenn an einem hineingehaltenen Holzlöffel sofort Bläschen aufsteigen. Die Reisbällchen portionsweise vorsichtig in das heiße Öl geben und in 3–5 Minuten goldbraun frittieren, dabei gelegentlich wenden. Herausnehmen und auf Küchenpapier abtropfen lassen. Mit Tonkatsusauce servieren.

TIPP

Dazu passt ein Salat aus gehobeltem Weiß- und Rotkohl, Gurke und Tomaten mit einem Dressing aus Reisessig, Sojasauce, Zucker, Sesamöl und etwas Salz.

Ob knusprige Garnelen, zarte Gemüsestücke oder ausgefallene Varianten: Frittieren hat in Japan eine ganz besondere Bedeutung. Hier wird frittiert, ohne das schwere, fettige Gefühl hinterher. Geheimnis sind eine sehr hohe Temperatur und ein dünner, leichter Teig – und schwupp, entsteht diese geniale Textur, leicht und luftig, ohne vor Fett zu triefen.

B4
ねぎと
安い！うまい！
B2
寿ちら
B5
あなご
江戸前の味
B6
サーモン丼
1,800円
お吸い物付
Salmon sushi rice bowl
B1
上ちらし
2,500円
お吸い物付
Jo chirashi
E2
五目野菜そば
（塩味）
1,200円
A3
赤身まぐろ
2,000円
お吸い物付
Akami sush
C1
名代カツ丼
当店自慢の味
1,300円
みそ汁付
当店のおすすめ！
D1
おいしい！うれしい！
ヒレのっけオムライス
サラダ・みそ汁付
1,800円
Omelet
D5
ヒレカツ膳
ご飯・みそ汁・お新香付
1,600円
Pork fillet cutl

In den Vitrinen präsentieren Restaurants oft detailgetreue Nachbildungen ihrer Gerichte – so lebensecht, dass man am liebsten sofort zugreifen möchte. Gerade für Reisende sind diese Kunstwerke ein unschätzbarer Guide durch die oft handgeschriebenen Speisekarten der *izakaya*. Tatsächlich tauchten die ersten Modelle allerdings in den 1920er Jahren auf, um der japanischen Bevölkerung westliche Gerichte zu erklären. Zunächst war Wachs das Material der Wahl, erst später wurde es durch Kunststoff ersetzt. Heute ist die Herstellung der Modelle ein hochspezialisiertes Handwerk, für das es sogar eigene Manufakturen gibt.

天丼

FRITTIERTES GEMÜSE

auf Reis

Knusprig, leicht und voller Geschmack: tendon *ist ein beliebtes Reisgericht. Frittiertes Gemüse auf gedämpftem Reis, dazu ein würziger Dip – mehr braucht es nicht.*

Für 4 Personen | 25 Min. Zubereitung | 30 Min. Warten

TEIG:
1 Ei (M)
100 g Mehl
100 g Speisestärke
Salz
1 Ei (M)
300 g Gemüse nach Wahl (z. B. grüner Spargel, Brokkoli, Zucchini)
1 l Öl zum Frittieren
Mehl
gekochter Reis

1. Für den Teig das Ei gut verquirlen und mit 120 ml eiskaltem Wasser verrühren. Mehl, Stärke und 1 große Prise Salz in einer Schüssel mischen. Die kalte Ei-Wasser-Mischung mit einem Schneebesen unterrühren – nicht zu lange rühren, sonst wird der Teig zäh, ein paar Klümpchen sind nicht schlimm. Den Teig im Kühlschrank ca. 30 Min. quellen lassen.

2. Das Gemüse waschen, putzen oder schälen und trocken tupfen. Je nach Sorte in dünne Scheiben oder kleine Stücke schneiden.

3. Das Frittieröl in einem hohen Topf erhitzen. Es ist heiß genug, wenn an einem hineingehaltenen Holzlöffel sofort Bläschen aufsteigen. Das Gemüse mit einem Küchentuch trocken tupfen, in etwas Mehl wenden und durch den Tempurateig ziehen. Direkt ins heiße Fett geben und in ca. 1–2 Min. goldbraun frittieren. Fertig frittiertes Gemüse mit einer Schaumkelle herausheben und auf einem mit Küchenpapier belegten Kuchengitter abtropfen lassen.

4. Das Gemüse jeweils auf einer Portion gekochtem Reis anrichten und servieren.

えび天

FRITTIERTE GARNELEN

Ein Teller frisch frittiertes Tempura – was will man mehr zum Feierabend? Dieses Gericht ist das perfekte Fingerfood und ideal zum Teilen.

Für 4 Personen | 25 Min. Zubereitung | 20 Min. Warten

TEIG:
1 Ei (M)
100 g Mehl
Salz
1 Ei

AUSSERDEM:
200 g große Garnelen (mit Schale, z.B. Black-Tiger-Garnelen)
50 ml Mirin (Reiswein)
1 l Öl zum Frittieren

1. Für den Teig das Ei gut verquirlen und mit 60 ml eiskaltem Wasser verrühren. Mehl, Stärke und 1 große Prise Salz in einer Schüssel mischen. Die kalte Ei-Wasser-Mischung mit einem Schneebesen unterrühren – nicht zu lange rühren, sonst wird der Teig zäh, ein paar Klümpchen sind nicht schlimm. Den Teig im Kühlschrank ca. 30 Min. quellen lassen.

2. Die Garnelen waschen und trocken tupfen. Jeweils die Schale entfernen, dabei den kurzen Schwanzteil dranlassen. Mit einem Messer längs am Rücken einschneiden und den Darm entfernen. Am Bauch vier bis fünf nicht zu tiefe Querschnitte machen, damit sich die Garnelen beim Frittieren nicht verbiegen. Die Garnelen vorsichtig gerade ziehen und nochmals trocken tupfen. Dann mit dem Mirin in eine Schüssel geben, leicht salzen und ca. 20 Min. marinieren.

3. Das Frittieröl in einem hohen Topf auf 175° erhitzen. Es ist heiß genug, wenn an einem hineingehaltenen Holzlöffel sofort Bläschen aufsteigen. Die Garnelen nacheinander in den Teig tauchen, direkt ins heiße Fett geben und in ca. 1–2 Min. goldbraun frittieren. Fertig frittierte Garnelen mit einer Schaumkelle herausheben und auf einem mit Küchenpapier belegten Kuchengitter abtropfen lassen.

ほまれ酒造株式会社
ほまれ
小松みどり

二年熟成
完熟無ろか
生詰原酒
清酒

24.10.08

Sakeverkostungen in *izakaya* sind ein echter Geheimtipp für alle, die tiefer in die japanische Trinkkultur eintauchen wollen. Viele *izakaya* bieten heute kleine Sake-Sets an, bei denen man verschiedene Sorten des fermentierten Reisweins probieren kann – von mild und fruchtig bis kräftig und würzig.

場
ogashira
Street
安全・安心 きれいな街づくり
Pasta & Wine
海賊の台所
Pizza Tapas Pasta & Wine
でくライブ音源2曲入りCD-R>プレゼント!
www.Sib.tv
アドアーズ
DORES
祝30周年記念
プリクラコーナー
まんが
喫茶
B1

世界の人気ブランド
MAX
70% OFF
B1F
B2F
レディーススーツ
Inogashira Street
渋谷センター街
歩行者優先
味の兆楽
海老
洋服のサカゼン
普通～特大サイズ

Nach dem gemütlichen Essen und Trinken zieht es manche weiter in lebhafte Partyviertel wie Shibuya oder Roppongi in Tokio. Hier haben Clubs, Bars und Karaoke-Lokale bis in die frühen Morgenstunden geöffnet.

In Japans Großstädten ist das Pendeln zur Arbeit oft eine Herausforderung für sich. Morgens und abends quetschen sich Millionen in überfüllte Züge und U-Bahnen, die zwar pünktlich und zuverlässig, aber voll sind. Abends und nachts gehört dann das öffentliche Schlafen zum Stadtbild: Vor allem auf dem Heimweg nach einem langen Arbeitstag oder einer durchzechten Nacht sieht man oft erschöpfte Pendler, die tief und fest schlafen. *inemuri* (zu Deutsch etwa »anwesend schlummern«) ist gesellschaftlich akzeptiert und gilt als Zeichen von Fleiß und Engagement.

BASIC DIPS

JAPANISCHE MAYONNAISE

4 Eigelb, 2 EL Mirin (Reiswein), 1 EL Sojasauce, ½ TL Zucker, 1 TL Salz und ½ TL Senf in einen hohen Mixbecher geben und einmal kurz durchmixen. Dann nach und nach 300 ml Öl einlaufen lassen, dabei stetig mit dem Pürierstab weitermixen. Wenn die Masse dicker wird, das Öl schneller dazugeben und komplett einmixen.

TONKATSUSAUCE

50 ml Worcestershiresauce, 2 EL Zucker, 50 g Ketchup und 2 EL Austernsauce in einen hohen Mixbecher geben. Mit dem Pürierstab mixen, bis sich der Zucker aufgelöst hat.

GYOZASAUCE

100 ml Sojasauce, 50 ml Reisessig und 10 g Salz in einer kleinen Schüssel mit 50 ml kaltem Wasser verrühren. Sofort servieren.

TIPPS, ADRESSEN, INSPIRATION

Wer nach Japan reist, kommt schnell ins Staunen – über das Essen, die Höflichkeit, die Ordnung, die Überraschungen hinter jeder Seitengasse. Zwischen Großstadtleuchten, dampfenden Suppenschüsseln und stillen Tempelhöfen gibt es unglaublich viel zu entdecken. Hier ein paar Tipps, um tiefer einzutauchen.

SOJASAUCE IST NICHT GLEICH SOJASAUCE

Wer in Japan ist, sollte unbedingt verschiedene Sojasaucen probieren – sie schmecken oft viel runder, milder oder auch komplexer als das, was bei uns im Supermarkt steht. Viele kleine Manufakturen stellen regionale Varianten her, manche süßlicher, manche fast rauchig. Besonders gut: einfach in einem gut sortierten Laden nach Empfehlungen fragen und ein, zwei Flaschen mit nach Hause nehmen. Im Koffer lassen sie sich gut verstauen – und dieser Geschmack ist das beste kulinarische Souvenir.

ABTAUCHEN IM ONSEN

Ein Besuch in einem der traditionellen Natur-Mineralienbäder ist mehr als nur ein Bad – es ist eine kleine Reise zu sich selbst. Aber es gibt ein paar Regeln: Vorher wird geduscht, man badet getrennt nach Geschlechtern, nackt (ja, wirklich nackt) – und mit Tattoos kommt man nicht überall rein. In vielen Bädern müssen sichtbare Tätowierungen abgeklebt werden, also am besten vorher nachfragen. Und dann: entspannen, schweigen, dampfen lassen.

RĀMENTOUR STATT MUSEUMSBESUCH

Wer mehr über *rāmen* erfahren will, isst sich einfach durch die Stadt. In Tokio, Osaka oder Fukuoka gibt es unzählige Läden, jeder mit eigener Handschrift. Für richtige Touren lohnt ein Blick auf Instagram: Accounts wie *@ramenadventures* oder *@ramen_beast* bieten den besten Überblick.

LAUT, LECKER, LEBENDIG – HIER LOHNT SICH DER ABSTECHER

Wer eine gute *izakaya* finden will, folgt am besten den Einheimischen: Wo es laut wird und die Schiebetür schon ein bisschen klemmt, ist man meist goldrichtig. Folgende *izakaya* sind definitiv einen Besuch wert:

Tokio:
Tsunahachi Asakusa
2-3-1 Asakusa, Taito City, Tokio 111-0032
Das Restaurant ist bekannt für ***tempura*** und befindet sich ganz in der Nähe des Senso-ji-Tempels, es ist also gut erreichbar in Asakusa.

Shizuoka:
Izakaya Kadoya
420-0857 Shizuoka, Aoi Ward, Eikandocho, 2-4-1
Shizuoka ist Zentrum des japanischen Teehandels. Das Restaurant ist sehr beliebt und bietet Einblick in die echte ***izakaya***-Welt.

Fujisawa:
Izakaya Tsubaki
251-0052 Kanagawa, Fujisawa, Katase, 2-4-10
Fujisawa ist eine charmante Stadt in der Präfektur Kanagawa, südlich von Tokio und in unmittelbarer Umgebung des Mount Fuji. Hier kann man toll Fisch und Meerestiere essen – und es ist bedeutend günstiger als in Tokio.

Kagoshima:
Yakiniku King Kagoshima
1-8-10, Chuocho, Kagoshima 892-0844
Das Restaurant ist bekannt für seine leckeren Grillgerichte und bietet eine große Auswahl an Fleisch (Wagyu oder besondere Teile vom Rind), dazu köstliche Gemüsebeilagen.

REGISTER

10円
ビーッ!
と鳴ったらもう1枚
ダイヤル市外通話
もできます
1 2 3 4 5 6 7 8 9 0
ご注意
警察 110
火事 119
救急
フリーダイヤル
0120
10円入れても
かかりません。
お店の方に
申し出てください。

19

ZUM AUTOR

Stefan Braun ist ein renommierter Fotograf aus München, der sich auf die Kunst der kulinarischen Fotografie spezialisiert hat. Seine Arbeiten zeichnen sich durch ihre Authentizität und den tiefen Blick in die kulturellen Hintergründe der Gastronomie aus. Neben seiner eigenen Studioküche zieht es ihn immer wieder in die Welt hinaus, um direkt vor Ort die Vielfalt und Faszination internationaler Küchen einzufangen.

Weitere Bücher des Autors:

- Monopoli. A Fishing Village in Apulia
- Tea Trip. Eine faszinierende Reise durch das Reich der Mitte

Besuchen Sie Stefan Braun auf:

DIE BÜCHERMENSCHEN HINTER DIESEM PROJEKT

Verlagsleitung: Eva-Maria-Hege
Projektleitung: Alessandra Redies
Lektorat und Texte: Melanie Haizmann
Korrektorat: Jutta Friedrich
Rezeptentwicklung: Annika Schulte
Covergestaltung und Innenlayout: ki36 Editorial Design, Sabine Krohberger, München
Satz: Christopher Hammond
Bildnachweis: Schmuck-Illustrationen: Creative Market; alle anderen: Stefan Braun
Herstellung: Petra Roth
Reproduktion: Longo AG, Bozen
Druck & Bindung: GPS Group

Grillparzerstraße 8, 81675 München

www.gu.de/kontakt | hallo@gu.de

GU ist eine eingetragene Marke der GRÄFE UND UNZER VERLAG GmbH

1. Auflage 2025, ISBN: 978-3-8338-9862-4

BACKOFEN-HINWEIS

Unsere Temperaturangaben, wenn es nicht anders angegeben wird, beziehen sich auf das Backen im Elektroherd mit Ober- und Unterhitze. Die Backzeiten können je nach Herd variieren. Details entnehmen Sie bitte der Bedienungsanleitung Ihres Backofens.

GU

LIEBE LESERIN, LIEBER LESER,

wie wunderbar, dass Sie sich für ein Buch von GU entschieden haben! In unserem Verlag dreht sich alles darum, mit gutem Rat Ihr Leben schöner, erfüllter und einfacher zu machen. Unsere Autorinnen und Autoren sind echte Expertinnen und Experten auf ihren Gebieten, die ihr Wissen mit viel Leidenschaft mit Ihnen teilen. Und unsere erfahrenen Redakteurinnen und Redakteure stecken viel Liebe und Sorgfalt in jedes Buch, um Ihnen ein Leseerlebnis zu bieten, das wirklich besonders ist. Qualität steht bei uns schon seit jeher an erster Stelle – jedes Buch ist von Büchermenschen für Buchbegeisterte gemacht, mit dem Ziel, Ihr neues Lieblingsbuch zu werden.

Ihre Meinung ist uns wichtig, und wir freuen uns sehr über Ihr Feedback und Ihre Empfehlungen – sei es im Freundeskreis oder online.

Viel Spaß beim Lesen und Entdecken!

PS: Hier noch mehr GU-Bücher entdecken: www.gu.de

WERDEN SIE TEIL DER GU-COMMUNITY!

Sie und Ihre Familie, Ihr Haustier, Ihr Garten oder einfach richtig gutes Essen. Egal, wo Sie im Leben stehen: Als Teil unserer Community entdecken Sie die neuesten GU-Bücher als Erstes, Sie genießen exklusive Leseproben und werden mit wertvollen Impulsen und kreativen Ideen bereichert.

Worauf warten Sie? Seien Sie dabei!

www.gu.de/gu-community

FÜR DIE UMWELT

Dieses Buch wurde auf PEFC-zertifiziertem Papier aus nachhaltiger Waldwirtschaft gedruckt. Aus Liebe zur Natur verwenden wir leichtes Papier.

© Bernhard Haselbeck

WARUM UNS DAS BUCH BEGEISTERT

Mit liebevollem Blick fürs Detail fängt Stefan Braun die Welt japanischer *izakaya* ein wie kein anderer. Man hat das Gefühl, als wäre man selbst mittendrin in der trubeligen Gesellschaft.

Eva-Maria Hege, Verlagsleitung

東洋
百助
NOW
今半別館
紀文堂
梅屋
神谷バー
尾張屋
満留賀
なか山
いせ勘
福ちゃん
大阪屋
ニュー浅草
SAPPORO

婦人洋品